그래도
민주주의

KB194954

그래도 민주주의

2025년 4월 05일 찍음
2025년 4월 15일 펴냄

지은이   김영평, 최병선, 배수호, 구민교,
         이민창, 이혁우, 김서영, 김경동
펴낸이   이상
펴낸곳   가갸날
주소   경기도 고양시 일산동구 강선로 49 BYC 402호
전화   070.8806.4062
팩스   0303.3443.4062
이메일   gagyapub@naver.com
블로그   blog.naver.com/gagyapub
페이지   www.facebook.com/gagyapub

ISBN   979-11-94205-03-6 03340

그래도
민주주의

다시 보는 23가지 기본원리

김영평·최병선
배수호·구민교·이민창
이혁우·김서영·김경동

가갸날

서문

민주주의는 둑 없이 이리저리 흐르는 시냇물도, 사납게 파도치는 바다도 아니다. 둑 사이로, 제방 사이로 잔잔히 흐르는 강물과 같다. 인류의 긴긴 역사 내내 민주주의에 대한 인간의 열망과 염원은 시냇물처럼 이곳저곳에서 졸졸거리다 잦아지고, 그러다가 어느 순간 봇물이 되어 폭발하기도 하였다. 민중의 걷잡을 수 없는 광기에 휩싸이면서 갑자기 막을 내린 프랑스 혁명이 대표적이다. 민주주의는 그렇게 부침을 거듭해 왔고, 오늘날도 크게 다르지 않다. 근대 민주주의의 원형을 제시한 국가이자 민주주의 원리들을 가장 충실하게 실천하고 있는 미국에서조차 트럼프 대통령의 등장 이래 민주주의 위기론이 수그러들 줄 모른다.

민주주의 연구의 거두인 스탠포드 대학의 래리 다이아몬드 (Larry Diamond) 교수의 주장에 따르면 1974년 포르투갈의 '카네

이션 혁명'을 기점으로 '제3의 민주화 물결'(the third wave of democ-ratization)이 전 세계로 퍼지기 시작하여 1980~1990년대에는 동유럽, 라틴아메리카, 아시아, 아프리카에서 민주화가 탄력을 받았으나, 2000년대 이후 푸틴의 러시아, 에르도안의 터키, 오르반의 헝가리, 마두로의 베네수엘라 등 많은 국가에서 민주주의의 퇴행 현상이 나타났다고 한다. 그는 이 시기의 민주주의의 퇴행(democratic backsliding) 현상의 특징을 ① 선거를 통한 독재 강화(합법적 권위주의), ② 언론과 사법부 장악, ③ 부패의 심화와 국정운영 실패로 정리하였다.

영국의 시사주간지 『이코노미스트』(The Economist 2018. 6. 14일자)의 분석도 유사하다. 동 주간지가 매년 발표하는 민주주의 지수(democracy index)를 보면, 2007~8년의 국제 금융위기 이후 12년간 민주주의 지수가 연속 하락한 국가가 무려 89개국에 이른 반면, 지수가 향상된 국가는 27개국에 불과하였다. 이러한 민주주의 퇴보 현상에 대한 동 주간지의 분석은 이러하다. ① 국가적 위기 사태에서 국민은 조속한 위기 극복을 약속하는 카리스마형 지도자에게 표를 몰아준다. ② 이렇게 집권한 지도자는 쉴 새 없이 가상의 적들을 만들어 내고 공격한다. ③ 집권 세력이 가려고 하는 길을 방해한다고 보는 독립적인 기관들(특히 사법부와 언론 등)의 발을 묶거나 거세(去勢)한다. ④ 언론을 장악해 여론을 조작하거나 선거법 개정 등을 통해, 국민이 집권자를 권좌에서 몰아내기 어렵게 만든다.

여기서 우리가 반드시 주목하고 넘어가야 할 사실이 하나 있다. 근래의 민주주의 퇴행 과정은 매우 교묘하게, 전략적으로 진행됨으로써 국민이 마지막 순간까지 자기들의 자유와 권리가 야금야금 파먹혀 들어가는 사실을 잘 알아채지 못한다는 것이다. 왜 그럴까? '국민의 뜻'임을 앞세워 이 모든 일이 진행되기 때문이다. 이 상태야말로 민주주의에 관한 고전 중의 고전, 『미국의 민주주의』의 저자인 프랑스의 토크빌(Alexis de Tocqueville)이 그토록 우려했던 '연성(軟性) 독재'(soft despotism)의 상태이다. 1835~40년에 걸쳐 두 권으로 나누어 이 제목의 책을 낸 그는 민주주의 국가는 '연성 독재'로 퇴행할 수 있다고 주장하며 그 이유를 제시하였다. 첫째, 민주주의 사회에서는 사람들이 법과 제도 앞에서 평등해지지만, 이로 인해 자기 자신과 가족의 사적인 이익에 집중하는 경향은 강해지나 공동체의 문제에 대한 관심, 더 넓게 정치에 대한 관심은 줄어드는 반면에 국가의 문제해결에 의존하는 의타적 성향이 강해진다는 것이다. 둘째, 이렇게 시민들의 자율성이 낮아지고 국가에 대한 의존도가 높아지면, 점점 더 많은 권한을 갖게 된 중앙정부는 직접적으로 자유를 억압하는 강압적인 방식이 아니라, 보호와 복지를 핑계 삼아 시민들의 삶을 세세하게 통제하고 조직화함으로써 시민이 국가에 더더욱 의존하지 않을 수 없게 만드는 방식으로 시민의 자유를 침식해 들어가게 된다. 예컨대 나날이 늘어가는 복잡한 행정 절차와 규제에 대하여 시민들은 불편하다고 느끼면서도, 자기들의 삶을 안정적이고 편리하게 만들어 준다는 이유로 크게 반감을 갖지 않는다는 것이다. 셋째, 이 과정에서 민주주의 제도들은 그대로지만 권력이 소수의 정치 엘리트와 관료들에게 집중되는 현상이 나타날 수밖에 없는데 경각심이 없는 시민은 자기들의 자유와 권리를 적극적으로 지켜내려고 힘쓰지 않는다는 것이다.

거의 200년 전 30살 전후 약관(弱冠)의 나이에, 그것도 독립전쟁과 남북전쟁의 중간쯤 아직 초보 단계에 있던 미국 민주주의를 직접 눈으로 시찰하고 조국으로 돌아가 쓴 이 책에서 토크빌이 한 말이 어쩌면 이렇게도 요즘 세상을 두고 하는 말 같을까? 그의 혜안이 놀랍고 '예언'에 소름이 돋는다. 그는 '연성 독재'가 매우 위험한 것은, 과거의 강압적 독재(전제정)와는 달리, 국민을 보호하고 안락을 제공하는 형태로 작동하기 때문이라고 지적하면서, '연성 독재 정부'는 '거대한 보호자 정부 독재'(tutelary despotism)라고 명명하기도 하였다. 요컨대 민주주의 체제의 시민들이 편안함을 대가로 자유를 포기하는 순간 민주주의가 서서히 무너질 수 있다고 경고한 것이다.

여기에 더하여 최근의 전 세계적 민주주의 퇴행 현상의 정치적, 경제적, 사회적 배경과 요인은 무엇일까? 첫째, 소위 '선거 독재'(electoral autocracy)라고 불리는 현상, 즉 공식적으로 선거제도가 유지되기는 하나 실권자가 독단하는 현상이 보편화되고 있다. 그런가 하면, 중국, 러시아, 헝가리, 터키 등에서 강력한 정치 지도자가 등장하면서 민주적 견제와 균형은 약화되고 권위주의적 통치는 강화되는 이상(異常) 현상이 두드러지고 있다. 여기에는 특히 중국 국가자본주의(state capitalism)에 대한 착시 현상이 상당히 크게 작용하였다.

둘째, 좌우를 막론하고 전 세계 거의 모든 국가에서 대중영합주의(populism)가 극성을 부리고 있다. 대중의 불만과 분노 감정을 자극해 집권해 보려고 꿈꾸지 않는 정당이 없을 지경인가 하면, 집권자들은 권력의 유지를 위해 대중영합주의적인 포퓰리스트(populist) 정책들을 마구 쏟아내고 있는 것이다. 이 배경에는 무엇보다도 경제적 불평등의 심화로 인해 민주주의의 기반인 중산층이 와해되면서 나타나는 정치 양극화(political polarization) 현상, 그리고 정치세력 간의 극한 대립으로 인해 민주주의 체제에 대한 국민의 신뢰가 크게 하락하고, 불안감이 고조되면서 위기의 해결사를 자처하는 권위주의적 지도자를 떠받들고 추종하려는 사회심리적 경향이 강하게 작용하고 있다.

셋째, 급속한 IT(정보통신기술)의 발달로 인해 민주주의가 보강되는 측면도 물론 있지만, 페이스북, 트위터 등 소셜 미디어를 통해 가짜 뉴스와 허위 정보가 매우 빠른 속도로 유포되고 그로 인해 여론 조작 시비가 일어날 정도로 불신이 심해지고 사회 갈

루마니아 부쿠레슈티 거리에 등장한 그래피티.
나치의 하켄크로이츠와 소련의 상징을 쓰레기통에 버리고 있다.

등이 첨예화되는 현상이 나타나고 있다.

넷째, 민주주의의 글로벌 모델이라고 할 수 있는 미국과 유럽에서조차 민주주의 체제가 정상 궤도를 이탈하는 사례들이 나타남에 따라 민주주의에 대한 회의론이 제기되고 있어서 전 세계가 방향감각을 상실하고 표류하는 상황이 이어지고 있다. 2021년 1월 6일 트럼프 대통령 지지자들이 대선 결과에 의문을 제기하면서 의사당에 난입한 사건, 유럽에서 테러와 반이민정서에 편승한 극우 정당들이 급부상하는 현상 등이 대표적인 예이다. 이런 이유로, 그간 국제적으로 민주주의 확산을 적극 지원해 왔던 미국, EU 등 서구 국가들의 영향력이나 결속력도 현저하게 약화되고 있다.

이런 내용이 핵심인 민주주의 위기론의 백미가 2018년 하버드대 정치학 교수인 레비츠키(Steven Levitsky)와 지브래트(Daniel Ziblatt)가 쓴 『민주주의는 어떻게 죽나?』(How Democracies Die?)이다. 이들은 서문에서 다음과 같이 말하고 있다.:

"민주주의는 군사 쿠데타 등에 의해서만 무너지지 않는다. 민주적으로 선출된 지도자들에 의해서도 무너진다. 자기들이 권좌에 오를 수 있도록 만든 바로 그 과정을 전복시킴으로써 말이다. 이들은, 1933년 히틀러가 그러했듯이, 빠른 속도로 민주주의를 무너뜨리기도 한다.(p.3) ⋯ 주기적으로 선거가 행해지고, 헌법 및 여타 공식적인 민주제도들이 제자리에 놓여 있을지라도, 선출된 독재자들(elected autocrats)은 민주주의의 허울(veneer)은 유지하면서 실질(substance)은 도려내 버린다. 이들이 민주주의의 전복을 위해 사용하는 수단들은 하나같이 합법을 가장(假裝)한다. 의회가 승인하고 사법부가 수용하였다는 의미에서 말이다.⋯ 언론은 살아 있으되 매수되거나 (정권의 눈치를 보며) 자체 검열에 나선다. 시민들은 예전처럼 정부를 비판할 수 있지만, 어느 날 갑자기 세금을 두들겨 맞거나 피소된 자신을 발견하게 된다. 사태가 이쯤에 이르면 국민은 혼란에 빠지기 시작한다. 도대체 무슨 일이 벌어지고 있는지 금방 눈치를 채지 못한다. 많은 국민이 자기가 아직도 민주주의 아래서 살고 있다고 착각한다."(p.5)

어떤가? 이 글을 읽으면서 이것이 미국이나 남의 나라만의 얘기라고 생각하는가? 혹시 우리나라 민주주의의 작금의 실상을 보고 있는 듯한 느낌이 들지 않는가? 우리나라의 민주주의는 지금 어디쯤 서 있고 어디쯤 가고 있다고 보시는가?

2014년 무렵이었다. 대표 집필자인 김영평과 최병선은 늘 그랬듯이, 만나면 이런저런 세태를 이야기하고 그러다가 우리 국민의 민주주의에 대한 오해가 생각보다 깊고 심각하다는 지적에 맞장구를 쳤다. 누가 먼저랄 것 없이 민주주의의 원리들을 쉽게 풀이한 책을 펴내자는 데 의기투합하였다. 하지만 난감하였다. 김영평은 정년퇴임한 지 여러 해가 지났고, 최병선은 불과 몇 년을 앞두고 있었다. 둘이 감당하기는 너무 벅찬 일인지라, 제자들을 끌어들이자는 꾀를 냈다. 그해 여름 김영평이 배수호 교수를, 최병선이 구민교, 이민창, 이혁우 교수와 조교인 김서영을 '포섭'하여 '민사모'(민주주의를 사랑하는 모임)를 꾸렸다. 2016년 여름까지 민사모는 15차례 넘게 모임을 계속하면서 50개의 세부 주제를 정하고 원고 집필을 분담한 뒤 난상토론을 거듭하면서 수정작업을 진행하였다.

그러던 중 박근혜 대통령 탄핵사태가 발생하였고, 민사모 모임도 긴 동면기(冬眠期)에 들어갔다. 이 나라의 민주주의에 대해 도대체 무슨 말을 해야 하고, 무슨 말을 할 수 있는지 확신할 수 없었다. 2018년 봄, 대표 집필자 두 사람은 지지부진해진 후속 작업을 둘이서 마무리하기로 방침을 수정하였다. 우선 책이 불필요하게 방대해져 초점이 흐려질 우려가 있다는 생각에 50개의 세부 주제 중 20개 정도만을 추려내 책을 내기로 하였다. 초기에는 최병선의 후임 조교인 김성현의 열성적인 도움을 받았으나, 그가 국방연구원으로 떠난 이후에는 전적으로 대표 집필자 두 사람의 일이 되었다. 두 사람 간에도 의견이 일치하지 않는 부분들이 있어 옥신각신하는 때가 없지 않았다. 기본적인 생각은 별반 다르지 않건만, 서로 선호하는 논리 전개의 방식이 다소 다르고 문체가 달라서 고집 싸움을 벌이기도 하였다. 그러는 사이 시간은 자꾸만 흘러갔다. 아마도 그때까지 들인 모두의 노력을 헛수고로 만들 수는 없다는 생각이 아니었으면, 이 책의 모태인 『민주주의는 만능인가?』는 빛을 보지 못했을 것이다.

2019년에 낸 『민주주의는 만능인가?』의 반향이 예상을 뛰어넘는 바람에 살짝 들떠 있던 바로 그때 코로나 사태가 닥치고 말았다. 필자들은 이 불행한 사태가 혼자 있는 시간이 많아진 사람들의 애독서가 될 수 있으려나 은근히 기대하였다. 실제는 정반대였다. 사람들은 넷플릭스 등으로 몰려갔을지언정 책을 멀리하는 습관을 바꾸어보려는 생각은 없어 보였다. 제22대 총선으로 거대 야당이 출현하며 불안정의 극을 달리던 정국이 클라이막스에 도달한 것인가? 2024년 12월 3일, 윤석열 대통령이 난데없이 또 무모하기 짝이 없게 비상계엄을 선포하고 채 3시간도 안 지나 국회에서 취소되더니만 다시 보름도 지나지 않아 대통령 탄핵소추안이 가결되었다. 이후 탄핵 정국에서 벌어지고 있는 일련의 사태들을 보면서 황망한 마음을 달랠 길 없던 필자들은 다시 모였다. 때마침 최병선의 마지막 조교였다가 광운대학교 행정학과 교수가 된 김경동의 동참은 뜻밖의 행운이었다. 우선『민주주의는 만능인가?』가 던졌던 화두들이 우리 사회에 여전히 적실하다는 판단에 의견 일치를 보았다. 또 매일매일의 충격적인 뉴스 홍수 속에서 국민 모두가 마음속으로, 또 친구들과의 조심스런 대화를 통해 나름의 민주주의 학습을 하고 있는 이때 이 책을 증보하고 전면 개정해 새 책으로 내는 게 시의적절하겠다고 판단하였다.

필자들은 몇 차례 논의 끝에 지난번 책에서 빠져 있어 아쉬움이 컸던 언론의 역할과 책임에 관한 장을 반드시 넣고, 책 출간 이후 주목을 끌어온 국회의 입법권의 한계 문제와 신생 정치 용어인 '정치적 올바름'(political correctness)에 대한 비판을 추가하기로 의견을 모았다. 작업방식은 지난번과 똑같이 하기로 하였다. 다만 최병선은 기존 책의 수정과 윤문 책임을 자청하였다. 그

2024년 8월 23일 애리조나주 글렌데일의 데저트 다이아몬드 아레나 집회에서 연설하는 도널드 트럼프 미국 대통령.

런데 … 아뿔싸! 최병선의 완벽주의(?) 덕에 책은 끝내 누더기처럼 너덜너덜해지고 말았다. 문체가 조금 더 다듬어진 정도의 장들도 있긴 하지만, 전체적으로 길이가 대폭 늘어나거나 짧아진 장들이 대부분이다. 『민주주의는 만능인가?』 책 역시 최병선이 최종 윤문을 담당하였었으나 그때는 집필자마다의 개성을 최대한 살리려고 애썼던 데 비해, 이번 윤문에서는 책의 일관성을 한층 높이고, '더 잘 읽히는 책' 만들기에 중점을 둔 결과라고 할 수 있다. 이로 인해 생겨났을지 모를 과오들은 전적으로 최병선의 책임이다.

이 책의 제목, 『그래도 민주주의』는 애당초부터 『민주주의는 만능인가?』의 강력한 경쟁 후보였다. 그 당시엔 민주주의에 대한 올바른 이해를 돕는 데 초점이 맞추어져 후자가 채택되었었으나, 민주주의 정치체제에 대한 근본적 회의와 좌절감이 팽배해 있는 지금은 『그래도 민주주의』가 더 적절하겠다는 데 의견이 모여 제목을 바꾸었다. 표지도 위기와 균형의 동시성을 절묘하게 표현해 낸 채리아이디어랩㈜ 채동훈 대표의 도안으로 새 단장하였다. 이 기회에 깊은 감사의 뜻을 전한다.

이 책은 제1장 〈'국민의, 국민에 의한, 국민을 위한 정부'가 과연 민주주의 정부인가?〉라는 비판으로 출발한다. 미국인들이 역대 대통령 중 최고라며 자랑스럽게 생각하는 링컨 대통령의 유명한 말이지만, 우리는 이 말이 민주주의에 대한 정의로서 적절치 않거니와 오용과 악용의 위험이 도사리고 있다는 사실을 지적한다. 제2장 〈'자기지배의 원리'가 민주주의의 원리로 타당한가?〉도 마찬가지다. 초중등 교과서가 마치 자기지배가 민주주의의 기본속성인 것처럼 소개하고 있는데 민주주의는 자기지배와는 아무 관계가 없다는 점을 분명히 밝힌다.

이어서 제3장과 제4장에서는 민주주의의 가장 기본적이고 핵심적인 운영 원리인 '법의 지배' 원리, 그리고 3권분립 및 견제와 균형의 원리에 대하여 설명한다. 먼저 '법의 지배' 원리는 헌법과 법률에 의거한 통치(또는 정치)를 통치의 근간으로 삼음을 의미한다. 헌법과 법률에 정해져 있지 않으면, 국가가 누구의 자유와 권리도 침해해서는 안 된다는 것이다. 국가의 자의적인 권력 행사를 불가능하게 만드는 '법의 지배' 원리를 확대 해석하여 입법부가 제정한 법률이면 다 법이라고 보면 곤란하다는 점, 또 사람들이 보통 쓰는 법치 개념, 즉 합법성 개념은 '법의 지배' 원리의 부차적 요소에 지나지 않는다는 사실을 강조한다. 다음으로 '견제와 균형의 원리'에서는 이 원리가 입법, 행정, 사법 어느 한 부, 또는 행정부의 어느 한 부처의 독단과 전횡을 막아준다는 의미에서 민주정부 구성과 운영의 중요 원리일 뿐 아니라, 대화, 토론, 상호비판이 필수적으로 일어나게 만들어 국가 전체적으로 가장 민주적이고 현명한 선택과 결정에 이를 수 있도록 해주는 핵심 기제라는 사실을 강조한다.

다음으로 제5장부터 제7장까지는 입법부, 사법부, 행정부 각각이 직면하고 있는 문제적 측면의 분석과 설명에 초점을 맞추고 있다. 먼저 제5장 〈국회의 입법권은 무제한인가?〉는 민주주의 제도의 전형인 대의(代議)민주주의(representative democracy) 정치체제에서 의원들이 자기의 재선에 유리한 법안, 당리당략을 우선하는 법안 등 무리한 입법을 추진할 가능성이 상당히 높은데, 특히 포퓰리즘이 극성을 부리는 오늘날 국회의 입법권이 헌법이 정한 일정한 선을 넘어서지 않도록 하는 일이 매우 중요하다고 주장한다. 다음으로 제6장 〈사법부, 선출되지 않은 권력?〉은 사법부가 선출직으로 충원되어서는 안 되는 이유, 민주주의 국가에서 사법부의 독립성과 정치적 중립성이 매우 중시될 수밖에 없는 이유들을 제시하고 있다. 이어서 제7장 〈행정 관료의 권력, 왜 끝없이 팽창하는가?〉는 행정 공무원의 급속한 증가와 행정국가화 현상의 배경을 설명하고, 행정 관료는 법과 제도의 단순한 집행자가 아니라 법과 제도의 구체적 실행 과정에서 관료 권력(bureaucratic power)을 행사하는 존재라는 사실을 강조한다.

제8장 〈민주주의와 언론: 역할과 책임〉은 민주주의 정치체제에서 공공성 높은 정보의 제공자이자 여론 형성의 주요 통로인 동시에, 가장 강력한 권력의 감시 및 견제자로서 언론이 지니는 막중한 책임을 강조하는 한편, 디지털 시대, SNS 시대를 맞이하여 공정하고 객관적이어야 할 언론의 편파성, 편향성이 심화되고 있어서 과거 어느 때보다도 언론의 독립성과 공정성 확보가 긴요해지고 있다고 주장한다.

제9장 〈'정치적 올바름'은 올바른 주장인가?〉는 제8장과 더불어 언론의 자유, 표현의 자유와 관련된 장이다. 오늘날 인권이 강조되는 가운데 성, 인종, 종교 등 어떤 면에서든 사회적 차별이 전면적으로 금지되어야 하고, 그런 면에서 '차별'을 내포하는 어떤 용어나 표현의 사용도 허용되도록 내버려두어서는 안 된다는 주장이 우후죽순처럼 제기되고 있다. 경제사회적 약자의 편에서

보면 이해가 안 되는 것은 아니나 그 정도가 지나쳐 표현의 자유가 심히 제약되는 사태가 야기되고 있음에도 그런 표현의 사용은 '정치적으로 올바르지 않다.'(politically incorrect)는 이유로 문제 제기조차 가로막히는 매우 비민주적인 상황과 그것의 폐해에 대하여 천착한다.

제10장 〈정당이 있어야 민주주의 국가인가?〉와 제11장 〈지방자치는 민주주의에 필수적인가?〉는 민주주의 국가 제도의 전형인 정당제도와 지방자치제도가 민주주의와 어떤 관계에 있는지를 서술한다.

제12장 〈민주주의는 어떻게 평등을 실현하는가?〉는 아마도 우리 국민이 민주주의에 대하여 갖고 있는 오해 중 가장 크거나 이해가 태부족한 부분이라고 말할 수 있다. 민주주의가 자유를 최우선 가치로 삼고 있는 것은 대체로 잘 이해하고 있지만, 민주주의가 결과적으로 평등의 실현에 가장 크게 이바지할 수 있는 체제라는 사실을 잘 이해하고 있는 사람은 아주 적어 보여서 하는 말이다. 이 장에서 필자들은 평등의 실현을 위해 사회주의나 공산주의에 기웃거릴 이유가 없으며 결코 그런 유혹에 현혹되어서는 안 된다는 점을 강조한다.

제13장 〈복지국가는 민주주의의 이상향인가?〉는 이 책에서 다루고 있는 주제 중 아마도 가장 혼란이 크고 논란이 많은 주제일 것이다. 정도와 수준은 다르지만, 오늘날 모든 민주주의 국가

가 복지국가를 지향하고 있는 것이 사실이기 때문이다. 그러나 필자들은 복지국가가 민주주의 국가의 이상향이 아닐뿐더러, 복지국가라는 이상을 향해 돌진하다 보면 무수한 복병(伏兵)을 만날 수밖에 없는데, 그 가운데 가장 무서운 복병은 복지국가의 미명 아래 스멀스멀 기어들기 마련인 포퓰리즘, 그리고 국가주의, 전체주의의 복병임을 설명하면서 경종을 울린다.

제14장 〈포퓰리즘, 왜 무서운가?〉는 제13장과 긴밀한 관계가 있는 장으로서 복지국가 논의의 연장이라고 해도 과언이 아니다. 복지국가를 지향하는 민주주의 국가의 정치가 왜 구조적으로 포퓰리즘에 취약하고, 포퓰리즘에 짙게 물들어가고 있는지 그 이유를 밝히면서, 포퓰리즘이야말로 민주주의 국가가 가장 경계해야 할 병리 현상임을 강조한다. 제15장 〈정책은 여론을 따라가야 하는가?〉 역시 포퓰리즘과 긴밀히 연관된 주제이다. 민주주의 국가에서 여론의 위치를 어디에 세우고 얼마만큼의 비중을 두어야 하는지에 대한 황금비율은 없다. '국민의 뜻,' '대중의 뜻'임을 앞세우지 않는 포퓰리스트 정책이나 프로그램은 없다. 이런 면에서 "정책은 여론을 따라야만 한다."는 점을 유독 강조할 때야말로 경각심을 높여야 할 때임을 지적한다.

제16장 〈더 많이 참여할수록 민주주의는 더 잘 기능할까?〉도 앞장과 논리적으로 긴밀하게 연결되는 장으로서, 참여의 이율배반적인 측면을 논한다. 참여가 클수록 국가가 더 민주적으로 운

영될 수 있는 측면이 없지 않지만, 반면에 그만큼 국가의사결정을 어렵게 또 지체되게 만들 수밖에 없으므로 균형감각을 갖고 사안에 따라 다르게 판단하고 결정하는 게 중요하다고 주장한다. 이어지는 제17장 〈직접민주주의가 더 나은 민주주의인가?〉가 이 점을 잘 보여준다. 오늘날 많은 사람이 막연히, 특히 급속한 IT 혁명에 힘입어 직접민주주의의 가능성이 과거 어느 때보다 높아진 현실을 부각시키며 직접민주주의가 대의민주주의보다 우월한 제도인 것처럼 호도하는 경향이 있으나, 직접민주주의는 선동과 여론 조작에 매우 취약해 오히려 반민주주의로 갈 공산이 더 크다고 지적한다.

제18장 〈다수결은 무조건 정당한 선택방법인가?〉 역시 앞의 15~17장과 직결되는 장이다. 다수결은 이성적 노력을 다하고도 그럴듯한 해법을 찾지 못했을 때, 부득이 다수의 지지를 받는 방안을, 잠정적으로 더 그럴듯한 방안으로 받아들이기 위한 편법에 불과하다. 다수결 원리 그 자체보다 더 중요한 요소는 비판과 토론 과정의 존재 여부이다. 다수결을 가장 좋아하는 국가가 공산주의 국가들이라는 사실을 밝힌다.

제19장 〈민주정부의 정책결정은 무엇이든 투명하게 공개되어야 하나?〉의 결론은 제16장의 결론과 유사하다. 질문에 대한 즉답은 "아니오"이지만, 각각에서 시비를 가리고 타당성 여부를 따지는 논의는 그리 간단하지 않다. 제20장 〈시민단체는 정말 시민

을 위한 단체인가?〉는 오늘날 시민단체를 표방하는 단체가 수두룩하지만, 이들이 과연 시민단체 혹은 공익단체라고 불릴 수 있는지에 대하여 심각한 의문을 제기한다. 이들도 이익단체의 속성에서 벗어날 수 없다는 것이 필자들의 지적이다.

제21장 〈민주주의 국가는 왜 갈등을 당연시하며 관리 대상으로 보는가?〉는 제12장 〈민주주의는 어떻게 평등을 실현하는가?〉와 더불어 독자들에게 가장 신선하게 읽힐 장이 될 것으로 짐작한다. 이 역시 오해가 많기 때문이다. 전체주의 국가들이 사회 갈등을 숨기거나 억누르는 데 비해, 민주주의 국가들은 갈등의 표출을 긍정적으로 보고, 갈등 해결을 위한 민주적 과정과 절차를 매우 중시하는데, 이것은 개인의 자유와 권리, 개개인의 개성과 다양성이 중시되지 않으면 창조, 도전과 혁신은 일어날 수 없다는 인식에 근거한다. 필자들은 사회 갈등에 대한 긍정적 관점과 관리 방식이야말로 민주주의 국가와 사회의 장점과 강점을 가장 잘 보여준다고 주장한다.

제22장 〈민주주의의 성숙을 위한 문화적 기반은?〉은 민주주의가 '법의 지배' 원리 그리고 견제와 균형의 원리 등 민주주의 제도만으로 충분하지 않다는 사실을 지적한다. 민주주의의 성숙을 위해서는 나와 다른 의견에 대한 관용, 그리고 공익을 중시하는 시민정신과 문화 등이 수반되지 않으면 안 된다는 사실을 강조한다.

이 책의 마지막 장 〈민주주의의 역리(逆理): 그래도 민주주의〉에서 필자들은 민주주의는 우리의 상식에 반하는 역리들이 많다는 사실을 지적한다. 앞장의 논의에 이어, 민주주의 체제의 건강성 유지 및 성숙을 위해서는 민주주의 그 자체보다도 민주주의 규범들(democratic norms), 그 가운데서도 특히 상호 관용(mutual tolerance)과 제도적 자제(institutional forbearance), 국민의 절대적 신뢰를 받는 사법부의 존재, 언론의 독립성과 공정성 확보와 같은 민주주의 문화와 제도적 관행이 더 중요하다는 사실을 강조한다.

비상계엄 및 탄핵사태라는 심히 위태위태한 지경에 이른 한국의 민주주의에 대하여 지한파 인사이기도 한 래리 다이아몬드 교수는 조선일보와의 인터뷰(2025. 1. 2일자)에서 "자유민주주의의 미래를 어떻게 전망하느냐?"는 기자 질문에 다음과 같이 답하였다.:

"나는 여전히 자유민주주의가 최고의 통치 시스템이라고 확신한다. 윈스턴 처칠(2차대전 당시 영국 총리)의 표현을 인용하자면, (권위주의 등) 다른 시스템은 훨씬 더 나쁘기 때문이다. 물론 민주주의는 지금 도전에 직면해 있고, 이런 도전은 앞으로도 계속될 것이다. 자유민주주의가 사람들을 동요시키는 근본적 문제인 경제·사회적 불안에 대처할 새로운 방법을 도출하기까지, 그리고 소셜미디어의 분열적 악영향을 파악하고 신뢰와 소통의 다리를 구축

할 방법을 찾을 때까지 말이다. 러시아, 중국 같은 나라들이 소셜 미디어를 악용해 민주주의에 대한 냉소주의를 의도적으로 부채질하고 조작하고 있다는 의구심도 든다. 여기에 맞서려면 자유 진영이 민주주의에 대한 믿음, 이를 보호하려는 의지를 더 보여줘야 한다고 생각한다."

이 책의 필자들 생각도 같다. 비록 우리나라 민주주의가 처한 현실이 암담하기 짝이 없지만, "한국의 민주주의는… 극단적인 정치 양극화로 인해… 일종의 '뇌졸중'을 겪었다."는 이 교수의 말마따나, 이제 상흔을 딛고 일어나 민주주의의 기초 체력을 획기적으로 보강해야 할 때라고 믿는다. 또 미국 제2대 대통령 아담스(John Adams)의 말, "민주주의는 영속되는 법이 없다. 곧 쇠퇴하고, 탈진하고, 자살한다. 이제껏 자살하지 않은 민주주의는 없다."는 말을 명심하고 명심해야 할 때라고 믿는다.

우리는 때로 강물이 시냇물처럼 조용하기를, 또 때로는 파도치는 바다처럼 시원시원하기를 바라지만, 강물은 잔잔히 흘러가야 강물이다. 강물이 도도히 흐르게 하려면, 둑이 튼튼해야 한다. 하늘 무서운 줄 모르는 인간의 교만과 끝을 모르는 욕구의 소용돌이를 막는 둑과 제방이 튼튼히 버티어주지 않으면, 민주주의의 제방은 무너지고, 인간의 욕망은 노도(怒濤)가 되고 급기야 홍수가 나고 만다. 지금 우리가 이런 홍수를 겪고 있다는 게 필자들의 생각이다. 민주주의 제도에 대한 많은 오해와 과도한 기대가 만들어 낸 오늘의 한국 민주주의 위기를 잘 극복하고 더 건강하게 재건하기 위해서는 민주주의 역리들을 깊이 이해하고 '그래도 민주주의'라고 마음속에 되뇌고 굳게 다짐할 일이다. 민주주의야말로 지금껏 인류가 찾아낸 제도 중 가장 뛰어난 제도로서, 이보다 국민의 자유와 권리를 잘 보장하며 나라를 발전시켜 줄 수 있는 제도는 없기 때문이다.

1. '국민의, 국민에 의한, 국민을 위한 정부'가 과연 민주주의 정부인가?

오늘날 '국민의, 국민에 의한, 국민을 위한 정부'(government of the people, by the people, for the people)만큼 민주주의를 대변하는 말로 유명해진 말은 없다. 이 말은 미국의 제16대 대통령 링컨(Abraham Lincoln)이 1863년 11월 19일, 남북전쟁 전사자들에게 바친 짤막한 추도 연설의 한 대목이다. 훗날 게티즈버그 연설로 명명된 이 연설에서 링컨은 "전사자들이 다 이루지 못한 과업은 이제 살아남은 자들의 몫으로 넘겨졌으며, 이들 살아남은 자들의 헌신이 이어진다면 '국민의, 국민에 의한, 국민을 위한 정부'는 결코 지상(地上)에서 사라지지 않을 것"이라고 말했다. 여기서 우리는 링컨의 머릿속에 민주주의 정부는 곧 '국민의, 국민에 의한, 국민을 위한 정부'라고 정리되어 있었음을 추측해 볼 수 있다. 아무튼 이 표현이 이후 민주주의의 대표적인 개념이자 정의(definition)로 널

게티즈버그에서 남북전쟁 전사자들을 위한 추도 연설을 하고 있는 링컨 대통령.

리 사용되고 있는 것은 주지의 사실이다. 이 정의는 과연 민주주의에 대한 정의로서 옳고 적절한가? 많은 의문이 있다.

첫째, 이 표현에는 민주주의의 핵심인 '제한적 정부'(limited government)의 의미가 들어 있지 않다. 민주주의의 근본은 국민의 자유와 권리의 보호에 있다. **국민의 자유와 권리의 보장은 필연적으로 국가권력의 행사에 대한 일정한 제한을 요구한다. 국가권력이 임의로,** 자의적으로 행사되는 한, 개인의 자유와 권리는 온전히 지켜질 수 없기 때문이다. 민주주의 정부라면 반드시 '법의 지배'(rule of law) 원리에 따라야 한다고 말하는 이유, 또 국가권력은 법으로 정한 원칙과 테두리 내로 엄격히 제한되어야 한다고 주장하는 이유가 바로 여기에 있다. 그런데 '국민의, 국민에 의한, 국민을 위한 정부'라는 표현은 자칫 국민이 원한다면, 또는 국민을 위한 것이라 여겨지는 것이라면, 그 무엇이든 그것의 실현을 위해 국가권력이 무제한 행사될 수 있고, 행사되어도 좋다는 의미로 잘못 새겨질 위험성이 높다.

북한을 비롯한 공산권 국가들은 언제나 자신들의 체제를 민주주의라고 호도해 왔다. 국가권력에 의해 개인의 자유와 권리가 강탈되고 '법의 지배' 원리는 애당초 존재하지도 않는 이런 나라들이 결코 민주주의 국가일 수는 없다. 하지만 북한은 인민이 주인이고, 인민에 의해 지배되며, 인민을 위한 국가가 북한이므로 민주주의 국가로서 손색이 없다는 듯, 아니 북한이 진짜 민주주의 국가라는 듯 뻔뻔하게도 '조선민주주의 인민공화국'이라는 명칭을 쓰고 있다. 민주주의의 개념과 정의가 얼마나 오용의 소지가 크고 실제로 오염되어 있는지를 잘 보여주는 사례가 아닐 수 없다.

자유는 본래 적극적으로 보장되는 그런 가치가 아니다. 자유는 타자에 의한 침해나 강탈의 가능성을 제거함으로써 보장되는 것이다. 그런 의미에서 자유는 소극적 가치(negative value)의 전형이다. 자유에 대한 제한이 필요한 경우라면 반드시 일정한 조건과 원칙에 따라, 또 사전에 정해진 법률과 절차를 준수하지 않으면 안 되도록 엄격히 규정하는 이유가 바로 여기에 있다. 그렇지 않으면 자유는 얼마든지 유린될 수 있기 때문이다. 그런데 명색이 민주주의 국가라 하여, 다수 또는 전체 인민의 이름으로 국가 권력의 무제한적이고 무분별한 행사를 허용한다면 소수 또는 개인의 자유가 침해될 가능성은 무한히 열려 있는 셈이다. 이렇듯 다수의 의사가 소수의 자유를 간단히 짓밟거나 묵살하고 넘어갈 수 있도록 허용해 준다면 이는 민주주의 국가가 아니다. '국민의, 국민에 의한, 국민을 위한 정부'라는 표현 속에는 개인의 자유와 권리의 보장을 위한 대전제인 '제한적 정부' 원리의 취지가 분명하게 들어가 있다고 보기 어렵다.

주지하듯이, 개인의 자유와 권리를 보장하는 고전적 원리이자 전통적 방법으로서 몽테스키외(Montesquieu)가 주장한 권력분립(separation of power)의 원리보다 나은 것을 찾기 어렵다. 권력의 어느 한 편도 자의(恣意)나 독단에 빠지지 못하게 막는 최선의 방법이자 최후의 보루로서 견제와 균형의 원리(principle of check and balance)만한 것이 없다. 이런 원리들이 굳건히 지켜지지 않으면 그 정부는 진정한 민주주의 정부라고 부르기 어렵다.

둘째, '국민의, 국민에 의한, 국민을 위한 정부'가 민주정부라는 정의에서 가장 중요하고 핵심적인 부분은 아마도 '국민에 의한'일 것이다. '국민에 의한 정부'가 주권자인 국민에 의한 국민자치

(self-government)를 의미한다고 보는 점에서는 이론이 없다.(제2장 참고) 하지만 주권자인 국민이 어떻게 뜻을 모으고, 어떻게 국가 권력을 사용해야, 그것을 국민자치라고 말할 수 있을 것인가? 이에 대해서는 논란이 분분하다. 먼저, 말 그대로 모든 국민이 참여하는 직접민주주의(direct democracy)만이 진정한 민주주의라는 의견이 있다. 그러나 이는 지나친 말이다. 근현대 사회에서 모든 국민이 직접 국정에 참여하는 것은 원천적으로 불가능하다. 비록 기술적으로 가능해지고 있는지 모르나, 그것이 꼭 바람직하다고 말하기는 어렵다.(제16장 참고)

이런 관점에서 국민자치의 실질적 대안은 간접민주주의(indirect democracy) 혹은 대의민주주의(representative democracy)밖에 없다. 대의민주주의에서는 대통령이나 국회의원과 같이 선출된 공직자들이 국민의 의사를 대표하는 것으로 간주한다. 물론 맹점이 없지 않다. 선거로 뽑힌 대표자들이 국민의 의사를 정확히 파악하여 충분히 대변한다고 보기에는 많은 무리가 따른다. 대의민주주의로 출발했던 선진민주주의 국가들이 점차 직접민주주의 요소를 가미하는 방향으로 나아가고 있는 것이나, 국민소환제, 국민투표제, 주민투표제 등을 도입함으로써 간접민주주의의 약점을 보완하려 하는 것은 이 때문이다. 하지만 이런 직접민주주의 요소가 국민자치라는 민주주의의 기본 정신 구현에 어떤 영향을 미치고 있는지 아직은 불분명하다.

사실 대의민주주의는 현실적으로 불가피하다는 이유로 등장한 것은 아니다. 아무리 민주주의가 국민의 의사를 따르는 것이라 하더라도, 국민의 의사가 정확히 어떤 것인지는 그 누구도 알수 없다. 더욱이 '국민의 의사,' '국민의 뜻'은 감정에 휘둘리기 쉽고, 변덕스럽기 짝이 없다. 금방 달아올랐다가 언제 그랬냐는 듯순식간에 식어서 사그라들기도 하고, 느닷없이 반대 방향으로치닫기도 하는 것이 국민의 여론이다. 광우병 사태, 탄핵 사태가대표적이다. 도무지 정체를 알 수 없는 '국민의 뜻'이라는 것을 두고 그것을 따르는 것이 진정한 민주주의라고 말하는 데는 상당한 무리가 있다.

　셋째, '국민을 위한 정부'라는 부분은 모든 사람의 사랑을 가장 크게 받는 부분이겠지만, 이 표현만큼 공허하고, 악용될 소지를 크게 안고 있는 표현도 없다. 세상에 국민을 위하지 않는다고말하는 정부가 있는가? 가장 악질적인 독재정권도 인민을 위한다는 명분을 저버리는 적이 없다. 오히려 반민주적인 조치일수록국민을 위한다는 명분을 더 높이 치켜세우는 경향이 있다. 민주주의 국가의 위정자들 역시 '국민을 위해'라는 말을 즐겨 쓰지만,이 점을 유난히 강조하는 법과 정책들 가운데 국민을 가장 괴롭게 만든 법과 정책이 많았다는 사실을 상기해 보아야 한다. "지옥으로 가는 길은 선(善)한 의도들로 포장되어 있다."(The road to hell is paved with good intentions.)는 유명한 말이 있다.

국가가 하는 일이라고 해서 그것이 다 국민을 위하는 일이 되는 것은 아니다. 국가가 하는 일은 무조건 다 국민을 위하는 일인 것처럼 생각한다면 그것은 지극히 천진난만하고 유치한 사고방식이다. 민주주의 국가의 시민이라면, 입만 열면 '국민을 위해'라는 말을 자꾸 들먹이는 위정자의 말에 속지 않아야 한다. 그 말을 내세우는 숨은 의도를 살필 줄 알아야 한다. 말로는 '국민을 위해'라고 하지만, 그것이 결국 특정 개인과 집단의 이익을 도모해 주는 국가권력의 행사를 가리는 베일이나 연막이었던 사례들이 얼마나 많았던가! 좋은 예로 '국민을 위한' 복지라고 하지만, 소수를 위하여 현세대 그리고 후세대의 대다수에게 엄청난 짐을 떠안기는 일이 과연 국민을 위한 일이겠는가?

결론적으로, 미국 역사상 가장 위대한 대통령으로 지금까지 큰 사랑을 받아온 링컨에게는 미안(?)한 말이지만, '국민의, 국민에 의한, 국민을 위한 정부'라는 말은 민주주의의 개념이나 정의로는 부적절하다. 깊은 생각 없이 보고 들으면 근사하고 멋진 말이지만, 악용될 소지와 위험성이 너무나 크다. 이 개념과 정의는 마땅히 국민 개인의 것이어야 할 자유와 권리를 시나브로 국가의 손아귀로 이전하고, 자유의 빈사(瀕死) 상태로 이끌고 갈 위험성과 가능성을 내포하고 있다. 파시스트나 나치, 북한 정권 등 전체주의 국가들이 민주주의의 가면을 버젓이 쓰게끔 만들어 주는 이 개념은 이제부터라도 조심해서 써야 한다. 만일 링컨 대통

령이 살아서 자기의 참뜻을 무참히 곡해하고 악용하는 이런 사
례들을 본다면 무척 속이 상하고 화가 나지 않을까?

2. '자기지배의 원리'가 민주주의의 원리로 타당한가?

민주주의 국가는 치자(治者)와 피치자(被治者)가 동일한 그런 국가인가? 고등학교 '법과 정치' 과목의 어느 교과서에는 "민주정치는 국민이 자신을 스스로 지배하는 것, 즉 피지배자에 의한 통치를 의미한다."고 적혀 있다. 왕이나 신이 지배하는 게 아니고 "국민이 국민을 지배하는 '자기지배의 원리'에 기초한 정치체제가 민주주의"라고 가르치고 있는 것이다. 얼핏 듣기에 근사한 말이다. 우리 헌법 제1조 2항에는 "대한민국의 주권은 국민에게 있고, 모든 권력은 국민으로부터 나온다."고 명시되어 있다. 즉 대한민국의 주인은 국민이라는 뜻이다. 이를 단순하게 풀어보면, 국민은 주권을 가진 주인이므로, (종이 아닌) 주인답게 마땅히 통치자여야 할 것이다. 하지만 이런 생각에는 민주주의에 대한 엄청난 오해와 비약이 내포되어 있다.

만약 모든 국민이 통치자로 군림한다면, 과연 어떤 정치가 도래할까? 회사나 가정에서도 모두가 치자로 나선다면, 일을 시키는 사람만 있고 실행하는 사람은 없게 된다. 그러면 어느 것 하나 되는 일이 없을 것이다. "민주국가의 주권이 국민에게 있다."는 말은 국가적 결정의 종국적 정통성이 국민에게서 나온다는 뜻이지, 국민 한 사람 한 사람이 주인 행세하는 지배자가 되어야 한다는 뜻은 아니다. 투표로 국가의 지도자를 선출하는 것은 국민이 그에게 통치권을 위임하는 행위이고, 이것이 국민이 주인으로 행세하는 방식이라고 보기 때문이다.

'자기지배의 원리'는, 좋게 해석하면, 피치자의 동의로 정부가 구성되고 운영되어야 한다는 원리이다. 이를 엉터리로 해석하거나 아전인수로 가져다 쓰면 안 된다. 국민이 주인이므로 국민 마음대로 하는 것이 '자기지배의 원리'라고 한다면, 민주주의를 파괴하는 조직, 흡사 마피아 같은 조직도 '자기지배의 원리'를 갖추고 있으니 민주적 조직이라고 강변할 수 있을지 모른다. 요컨대 민주주의의 핵심을 치자와 피치자의 동일성에서 찾는 것은 아주 위험한 발상이다.

'자기지배의 원리'를 '피치자의 동의에 따라 구성된 정부를 통한 지배'로 해석해도 결과는 마찬가지다. 물론 민주정부는 피치자인 국민의 동의로 구성되어야 한다. 하지만 이는 민주정부의 충분조건이 결코 아니다. 가령 짐바브웨나 북한의 경우처럼 공식

영국 하원.

적인 선거 절차를 통해 선출되었을지언정 집권 세력의 권력 행사가 자의적일 때 우리는 이를 민주정부라고 말하지 않는다. 이것은 선거 절차가 민주적인지 여부와도 무관하다. 아무리 민주적으로 선출된 정부라 할지라도 국정운영이 민주적이지 않다면, 그 정부는 민주정부가 아니다.

　민주주의의 근본은 '자기지배의 원리'에 있지 않다. 그것은 '제한적 정부'에서 찾아야 마땅하다. 국민의 뜻을 앞세워 통치권을 아무런 제한 없이 행사할 수 있는 정부가 아니라, 일정한 법의 제약 속에서 국민의 자유와 권리를 보호하는 한정된 과업만 수행하는 정부여야 민주주의 정부이다. 아무리 피치자의 동의에 의해 정부가 구성되었다 하더라도, 국민의 천부인권을 무시하고 자유를 자의적으로 억압하며, 국민의 재산권을 인정하지 않거나 침탈하는 정부라면, 결코 민주정부라고 할 수 없다. 만약 피치자의 동의에 의한 정부가 곧 민주정부라고 한다면, 바로 그렇게 구성되었던 과거 독일의 나치 정부도 민주주의 정부라고 해야 하지 않겠는가? 공산주의 정권 역시 언제나 형식적으로는 피치자의 동의를 구하는 정부로 치장해 왔다.

민주주의는 단순히 정부의 구성 방법만 보고 민주적인지 아닌지를 규정할 수 없다. 언론과 사상의 자유, 표현과 집회의 자유가 보장되고, 다원성이 인정되는 바탕에서 서로 다른 의견들이 교환되고, 비판이 자유로우며, 그래서 견제와 균형의 원리가 잘 작동하는 정부라야 민주주의 정부라고 부를 수 있다. 복수정당제가 실질적으로 보장되지 않는 정부가 민주정부가 아니듯이, 국가 권력이 분립되어 있지 않은 정부가 민주정부일 수 없다.

그런 의미에서 민주주의 국가는 '자기지배의 원리'에 따라 통치자와 피치자가 동일시되는 그런 국가일 수 없다. 통치자가 민주주의 원리들을 침범하고 '제한적 정부'의 선을 넘어서지 않도록 피치자(특히 야당과 언론)가 언제라도 감시하고 비판할 수 있어야 한다. 언론이나 야당이 집권당의 정책을 적극적으로 비판할 수 있는 것은 언론과 야당이 치자의 일부가 아니기 때문이다. 여기서 알 수 있듯이, 통치자와 피치자는 뚜렷이 구분되어야 한다.

만일, 고등학교 교과서에 쓰여 있는 대로, '자기지배의 원리'를 치자와 피지배자의 동일성으로 이해한다면, 치자의 선택은 곧 피치자 자신의 선택이 되고 만다. 그러면 비록 그 선택이 잘못된 것으로 판명되더라도 책임을 추궁하기 어렵다. '자기지배의 원리'는 민주주의에서 가장 중요한 견제와 균형의 원리와 메커니즘, 즉 잘못된 선택에 대한 비판과 추궁을 무력하게 만들고야 만다.

더 나아가 민주주의의 가치와 운영 방식의 특징을 '치자와 피치자의 동일성'에 두는 것은 대단히 위험한 발상이기도 하다. 독재자들이 국민의 기본권을 짓밟고 국가권력을 자의적으로 행사하면서, 그것이 '국민의 뜻'이라고 호도할 때 '자기지배의 원리'는 국민이 비판하고 항거할 수 없게 만든다. 이렇게 보면 '자기지배의 원리'는 독재를 정당화해 주는 도구가 아닌가? 자기가 하는 일이 국민이 원하는 일이고, 국민이 시키는 일이라고 핑계를 대면 그만이기 때문이다. 이보다 더 소름 돋는 일이 있겠는가? 어떤 면으로 보든 '자기지배의 원리'는 민주주의의 정의에서 하루 속히 제거되어야 마땅하다.

3. 왜 '법의 지배'인가?

민주주의는 '법의 지배'(the rule of law)와 동의어라고 해도 과언이 아니다. 민주주의가 추구하는 최고의 가치가 국민의 자유와 권리의 보장이고, 국민의 자유와 권리를 지키기 위한 최선의 보장책이 바로 '법의 지배'이기 때문이다. 나라마다 다소의 차이는 있지만, 오늘날 민주국가의 국민만큼 자신의 자유와 권리를 침해당하지 않고 사는 사람은 일찍이 없었다. 그런데 유감스럽게도, '법의 지배'를 민주주의의 부속품 정도로 여기거나, 민주주의를 하면 '법의 지배'는 당연히 이루어지는 듯이 착각하는 사람들이 많은 게 오늘날의 세상이다. 하지만 우리가 확실히 알아야 할 사실이 하나 있다. 그것은 역사적으로 보든, 논리적 구조로 보든, '법의 지배' 개념이 민주주의—특히 국민의 대표자를 국민이 투표로 선출한다는 (좁은) 의미의 민주주의—개념보다 앞서 등장하였다는 사실이다.

　이를 잘 이해하기 위해서는 먼저 인류 역사의 대부분은 '법의 지배'와 상반되는 역사였다는 사실부터 명확히 상기할 필요가 있다. 법의 존재는 고대까지 거슬러 올라가지만, 근대적인 의미의 '법의 지배' 개념은 서유럽을 중심으로 발전해 왔다. 그 기원을 1215년에 제정된 〈마그나 카르타〉로 보는 데 별다른 이견은 없다.

　영국 존 왕이 〈마그나 카르타〉에 서명하고 있다.

"자유인(free man)은 누구나 이 나라의 법률 그리고 사법적 절차에 의거하지 않고서는 체포 구금되거나 그의 권리와 소유를 빼앗기지 않으며… 누구에게도 권리와 정의가 거부되거나 지체되어서는 안 된다." 이러한 내용의 조문이 담긴 〈마그나 카르타〉는 (교황의 간섭으로 불과 몇 달 만에 폐지되고 말았지만) '법의 지배' 정신의 원형이라고 할 수 있다. 누구도—즉 입법, 사법, 행정권을 한 손에 쥐고 있는 국왕조차도—이제 '법의 지배'라는 제약에서 벗어날 수 없다는 이 원리는 이후 인류가 오래전부터 품어온 소망에 불을 붙였다. 그리하여 구속적부심제도(Habeas Corpus), 고문의 폐지, 권리청원(1628), 권리장전(1689), 미국 헌법(1787), 프랑스 혁명(1789), UN 인권선언(1948) 등으로 그 폭과 깊이를 더해 왔다. 이런 역사적 사건이나 계기들은 민주주의의 중요한 이정표이자 '법의 지배' 원리의 이정표들이다. 그 핵심 요소를 정리해 보면 다음과 같다.

첫째, 민주적 절차에 따라 제정된 법률에 의하지 않고서는 국가를 비롯한 누구도 개인의 자유와 권리를 제한할 수 없다. 여기서 강조점은 '민주적 절차에 따라 제정된 법률'에 있다. 국왕이 절대권을 행사하던 전제군주 시절에도 법률은 있었다. 그러나 그 시대의 법률은 국왕(지배자, 통치자)의 절대권력의 행사와 지배의 편의를 도모하기 위한 것이었지, 백성들의 자유와 권익을 보호하기 위한 것은 아니었다. 명목상 그런 목적을 가진 것처럼 보여도 절대권력자는 언제라도 그 법을 무시할 수 있었다. 절대권력자는 법 위에 있었고, 법률은 그의 통치 도구일 뿐이었다. 이 관계를 뒤집은 것이 바로 민주주의 혁명의 핵심이다. 민주주의 국가에서 법은 이제 국민의 대표자들이 민주적 절차에 따라 제정하는 법이고, 이 법은 모든 국민에게 차별 없이 보편적으로 적용된다. 국왕도 결코 예외가 될 수 없게 되었다.

둘째, '법의 지배' 원리의 가장 핵심적 요소는 '법 앞의 평등'이다. 이 요소야말로 '법의 지배' 원리가 원리답도록 만들어 주는 필수 요건이다. '법의 지배'를 말하면서 법 위에 군림하는 사람이 있거나 성역이 존재한다면, '법의 지배' 원리는 깨지고 만다. '법 앞의 평등'의 원리는 법이 누구에게나 동등하게 적용되어야 하는 원리일 뿐 아니라, 법이 누구에게는 유리하고 누구에게는 불리한 내용을 담을 수 없게 만드는 원리이기도 하다. 왜냐하면 법이 누구에게나 공통으로, 보편적으로 적용되는 이상, 누구도 사람과 사람을 차별하는 법에 자발적으로 동의할 리 없기 때문이다. 대다수가 수긍하고 납득할 만한 타당한 이유가 있지 않은 이상, 자신에게 불리하게 작용할 소지와 위험성을 지니는 법의 제정에 동조할 사람은 없다. '법의 지배'가 오로지 민주국가에서만 진정한 의미에서 '법의 지배'가 될 수 있도록 만들어 주는 중요한 기제는 바로 '법 앞의 평등'의 원리 속에 내포되어 있다.

다만 '법 앞의 평등' 원리에는 주의해야 할 사항이 있다. 그것은 '법 앞의 평등'이 반드시 모든 개인과 집단을 언제나 동등하게 취급하거나 대우해야 한다는 의미는 아니라는 점이다. 어떤 집단이나 개인을 특별히 유리하게 혹은 불리하게 대우하는 법률(또는 그 속의 조항)이라고 해서, 그것이 그 자체로 '법 앞의 평등' 원리를 위배했다고 볼 수는 없다. 관건은 그 법률이나 조항이 일반성을 갖고 있느냐 여부이다. 만일 그 법률(이나 조항)이 어떤 집단이나 개인을 특정하고 있다면, '법 앞의 평등' 원리를 위배한 것이다. 하지만 그것이 특별한 대우를 할 수 있는 일반적 조건이나 자격만을 정하는 내용이라면, 그 법률(이나 조항)은 '법 앞의 평등' 원리에 합치된다고 볼 수 있다.

예를 들어 '65세 이상의 국민'이라거나 '월 소득이 100만 원 이하인 가정' 혹은 '신체장애 3등급 이상의 국민'과 같이 일반적 조건만 규정하고 있다면, 이는 '법 앞의 평등' 원리를 위반한 것이 아니다. 조건을 충족하는 사람은 누구나 이 규정의 적용을 받을 수 있기 때문이다. 이것이 법률(또는 조항)의 일반성이다. 일반적 조건에 의한 예외적 적용은 법률(이나 조항)의 합리성과 정당성 판단이 객관적으로 이루어질 수 있도록 만든다. 각자가 자기가 그 위치에 설 수도 있다고 가정하고 그 법률(이나 조항)의 합리성과 정당성을 판단하고 결정을 내릴 것이기 때문이다. 경제사회의 약자를 보호하는 법률(이나 조항), 혹은 그 반대로 강자의 횡포를 견제하는 법률(이나 조항)은 바로 이런 과정을 거쳐 생산되는 것이다.

이처럼 '법 앞의 평등' 원리는 모든 국민이 특정 조건이나 상황에 자기를 대입(代入)해 볼 수 있도록 요구하고, 그 결과 이 원리 아래서 제정되는 법률(이나 조항)이라면 대다수 국민이 동의하는 내용과 수준에서 합리적으로 결정되도록 돕는다. 법률(이나 조항)이 누구에게나 공평하다고 느껴질 때, 다시 말해 '법 앞의 평등' 원리가 일반적으로 적용됨으로써 부당하고 불합리한 특혜도 없고, 부당하고 불합리한 차별도 없다고 느껴질 때, 사람들은 법률(이나 조항)에 정당성을 부여한다. 이런 법률체계 아래에서만 사람들은 자기의 최선을 다한다. 또 이런 법률체계 속에서만 부정부패와 비리가 사라지고, 정직을 최선의 정책으로 생각하게 된다.

한편 '법 앞의 평등' 원리에 대한 예외가 일반성의 원칙에서 벗어나게 되면, '법의 지배'가 제공하는 예측 가능성은 대폭 줄어든다. 법적 안정성도 크게 떨어진다. 예를 들어 특정인에 대한 강력한 처벌을 목적으로 어떤 법률을 제정한다면, 그 법은 '법 앞의 평등' 원리에 위배된다. 이런 경우 보통 특별법의 형태를 취하게 되나, 그렇다고 이 원리의 위반을 피할 수 있는 것은 아니다. 이런 식으로 법률이 남발되면 누구라도 자신의 자유와 권리가 언제 '법'의 이름으로 침해될지 알 수 없는 불확실하고 불확정적인 상태에 빠지게 된다.

역사적 단죄 등을 이유로 하는 소급입법을 금지하는 취지도

법과 정의의 여신. 눈을 가린 채 오른손에는 저울을, 왼손에는 검을 들고 있다.

여기에 있다. '법 앞의 평등'의 원리를 희생하여 얻는 것도 있겠지만, 손실이 그보다 더 크고 심각하다고 보기 때문이다. 예를 들어 매국노라고 불리는 자의 후손의 재산을 박탈해야 한다는 주장 같은 것이다. 국민감정은 재산의 환수를 요구하지만, 국회가 입법을 추진하지 않는 것은 사유재산권 보호라는 '법의 지배'의 핵심을 손상시킬 만큼의 가치가 있는 일이라고 보지 않기 때문일 것이다.

셋째, '법의 지배' 상태의 유지를 위해서는 강력한 보루가 있어야 한다. 그것이 3권분립 체제 속의 사법부이다. 민주국가에서 사법부의 독립성, 특히 사법부의 정치적 중립과 재판의 불편부당(不偏不黨)성은 아무리 강조해도 지나치지 않다.(제6장 참고) 법원에서 판사들이 법조문을 올바로 해석하고 바르게 적용하지 않는다면, '법의 지배'는 허울에 불과해지고 만다. 정치와 행정의 영역에서도 그렇지만, '법 앞의 평등'의 원리가 더 철저히 적용되고 지켜져야 할 영역이 사법의 영역이다.

예컨대 집권당이 바뀌면서 사법부의 입장이 영향을 받는다면, 이는 심각한 문제이다. 3권분립이라는 민주주의 제도의 기본을 파괴하는 행위이기 때문이다. '전관예우'니 '유전무죄 무전유죄'라는 말이 잘 표현해 주듯이, 힘 있고 돈 많은 사람이 유리한 취급을 받는다면, 이는 법치국가가 아니다. 누구든 법률이 정한 공정한 재판절차를 거치지 않고서 죄인으로 취급되어서는 안 된다. 법적으로 인정되는 명백한 증거가 제시되지 않는 한 처벌을 받아서는 안 된다.

넷째, '법의 지배' 원리가 가장 먼저 그리고 철저하게 적용되어야 할 대상은 국가기관이다. 정부는 국가권력을 행사하되 반드시 법률에 근거해 권력을 행사해야 한다. 기존 법률과 관습의 범위를 넘어서면 안 된다. 정부가 이 범위를 넘어서서 자의적으로 국가권력을 행사한다면, 그 정부는 헌법적 제한을 넘어서는 '무제한적 정부'(unlimited government)가 되고 만다. 그 국가에서 자유와 권리를 오롯이 누릴 수 있는 사람이 누구겠는가? 오직 집권 세력과 정치적 실력자들 말고는 없다. 이런 국가에 부정부패가 판을 칠 것은 불문가지이다. 이것은 민주국가가 아니다.

만일 법률이 국민에 대해서는 강력한 구속력을 가지면서 국가기관에 대해서는 구속력이 없거나 무력하다면, 국가는 무소불위의 존재가 되고 만다. 이것은 '법의 지배' 원리의 전면 부정에 해당한다. 정치적 목적으로 검찰과 경찰이 동원되거나, 정보기관을 이용하여 부당하게 사찰을 감행한다거나, 개인의 비리를 캐고 세무사찰을 강행하는 방법으로 언론 보도의 자유를 침해하는 등의 일이 일어나는 국가가 온전한 법치국가, 민주국가일 수 없다. 시위와 집회를 무원칙하게 허용하거나 불허해서도 법치국가가 아니다. 법률 규정이 모호한 나머지 국가권력이 자의적으로, 차별적으로 사용되면 법치국가가 아니다.

법률은 어떤 행동이 받아들일 만한 행동인지에 대한 정당한 기대(legitimate expectations)를 형성할 수 있어야 한다. 그래야만 법으로서 정당하게 기능할 수 있다. 평균적인 국민과 기업이 지킬 수 없는 규제법률을 만들고, 그것을 경직되게 집행하는 것은 정당한 국가권력 행사의 범위를 넘어선 권력의 남용이다. 이런 국가에서는 국민과 기업이 도전정신, 혁신적이고 창조적인 정신, 기업가정신을 마음껏 발휘할 수 없다. 힘으로 굴종을 강요하는 국가는 법치국가가 아니고, 민주국가라고 보기에도 결함이 많다. 한마디로 말해, 국가기관에서 "법의 지배" 원리가 얼마나 잘 지켜지고 있는지가 좋은 정부와 나쁜 정부를 가르는 최고, 최상의 시금석이다.

다섯째, 입법권을 가진 국회가 제정하는 법률에도 일정한 한계가 있어야 한다.(제5장 참고) 이것은 '법의 지배'에서 종종 논란이 되는 이슈이다. 앞에서 '법의 지배'를 위해서는 법률이 민주적 절차에 따라 제정되어야 한다고 했다. 오늘날 전형적인 입법 방식은 국민의 대표자들로 구성된 국회가 법률 제정 권한과 의무를 갖는 방식이다. 이런 대의민주주의 체제에서 국회가 스스로 정한 입법 절차에 따라 제정(또는 개정)하는 법률은 모두 정당한 법률로 인정해야만 하는가?

이 질문은 두 차원에서 검토해 보아야만 할 매우 중요한 질문이다. 첫째, 일반적으로 민주국가는 국회의 월권과 입법권의 남용을 제어하기 위해 대통령에게 재의 요구권(보통 거부권이라 부른다)을, 또 사법부에는 위헌법률심사권을 부여하고 있다. 따라서 국회에서 재의 의결이 이루어지지 못한 법률은 폐기되고, 사법부(헌법재판소)의 위헌 판단을 받은 법률도 폐기되거나 수정되어야만 한다. 그런데 만일 사법부(헌법재판소)의 위헌 판단에도 불구하고 입법 권한을 갖고 있는 국회가 의지를 관철하고자 한다면 어찌 되는가? 이와 같이 입법부와 사법부가 마찰을 빚을 때, 어느 편에 최종결정권을 주어야 하는가? 이 질문에 대하여 서로 다른 해석과 입장이 존재하지만, 대다수 국가에서는 입법부의 손을 들어주는 게 관례인 것처럼 보인다. 사법부의 독립성 확보를 위한 제도적 장치들이 강구되어 있지만, 사법부는 국민이 직접 선출한 권력이 아니라는 태생적 약점을 갖고 있기 때문이다.

이 점에서 입법부는 사법부를 압도한다. 그럼에도 불구하고 입법부는 성격상 정치적인데다 여론의 지배에서 벗어나기 어렵다. '법의 지배'의 정통성을 정치적이고 여론의 지배를 받는 기관에 부여한다면, 이는 위험천만한 일이 아닐 수 없다. 결국 한 나라의 '법의 지배'의 질적 수준은 그 나라 국민의 민주주의(원리)에 대한 인식 수준, 결국은 국민의 선택에 달려 있을 수밖에 없다.(제 22, 23장 참고)

둘째, '법의 지배'(rule of law)와 주로 합법성을 가리키는 법치(rule by law)라는 말은 분명하게 구분해 쓸 줄 알아야 한다. 무엇보다도 중요하게 '법의 지배'는 '모든 입법에 대한 제한'(a limitation upon all legislation), 또는 더 정확하게 입법의 범위에 대한 제한(limitation to the scope of legislation)이다. 민주적 절차에 따라 정당하게 선출되고 정당하게 입법권을 갖고 있다고 해도, 입법부가 제정하는 법률에는 일정한 제한이 있어야 한다는 것이 '법의 지배' 원리의 핵심이다.

다소 어려운 말이겠지만, '법의 지배'는 '법은 마땅히 어떠해야만 하는지에 관한 규칙'과 관련된 관념이다. 법이 어떠해야만 하는지는 그 사회의 도덕적 전통의 일부분일 뿐만 아니라, 그 사회의 정치적 이상이라고 말할 수 있다. 일반인이 갖고 있는 법 관념의 핵심은, 남에게 해를 끼치는 일을 하지 못하도록 하고, 또 다른 사람으로부터 자기의 자유와 권리를 침해받거나 강요받지 않도록 해주는 게 법이어야 한다는 관념일 것이다. "세상에 무슨 그런 법이 다 있어!"라고 말할 때, 그 법이 의미하는 바가 무엇이겠는가? 세상에 어떻게 그처럼 억울하고 분통 터지게 만드는, 도무지 이치에 맞지 않는 법이 다 있을 수 있느냐는 뜻일 것이다. 아무리 합법적 절차를 거쳐서 제정(개정)된 법률이라도, 국민의 법 감정과 상식 혹은 법 관념에 합치되지 않으면, 그것들은 '법의 지배' 관념을 넘어선 법률일 수밖에 없다. 유감스럽게도 최근에 이런 법률들이 하나, 둘 늘어가고 있다. 심히 개탄스러운 일이 아닐 수 없다.

예컨대, 속칭 '김영란법'(정식 명칭은 부정청탁 및 금품 등 수수의 금지에 관한 법률)을 보시라. 만시지탄이라는 평가로부터, 비현실적이고 미풍양속을 해친다는 비판까지 무수한 논란 끝에 법률이 제정되었지만, 주요 선물 품목인 농수산물 생산자들의 반발 등으로 인해 법 집행이 슬금슬금 물러지더니만, 이제는 '나쁜 사람' 잡는 용도로만 사용되는 게 아닌가 싶을 정도다. 이같이 국회가 합법적으로 어떤 법률을 제정했다 하더라도 대다수 국민이 그 법의 정당성, 혹은 그 법의 집행의 정당성에 동의하지 않는다면,

그 법률은 합법적일 수는 있을지언정 법률로서 효력을 제대로 발휘하기 어렵다. 법률에 대한 이런 생각과 판단, 평가가 그 사회의 대다수 사람의 마음속에 살아 있다면, 그 사회는 '법의 지배'가 이루어지는 사회이다.

이에 비해 일반인들이 사용하는 법치라는 말은 '법(규정)대로 하는 것,' 즉 합법성(legality)을 뜻하는 게 보통이다. 정당한 입법 권자(입법부)는 무엇이든 법으로 제정할 수 있고, 그 법의 집행은 합법적이라고 보는 것이다. 그렇다면 한번 생각해 보시라. 히틀러는 완전히 합헌적인 방법과 절차로 무제한적인 권력을 손에 쥐었고, 그가 하는 일은 무엇이든 합법적인 것으로 인정되었다. 그런데 그 당시 독일에서 과연 '법의 지배' 원리가 지켜졌다고 말할 수 있을까? 결단코 아니다. 누군가가 완전히 합법적으로 모든 권한을 행사할 수 있는 대권을 부여받았다고 치자. 그렇다 하더라도 그 대권에 그가 자의적으로 권한을 행사할 권한까지 포함되고, 그의 권한 행사 방법에 대해 법이 명명백백하게 규정하고 있지 않다면, 그의 권한 행사는 합법적일 수는 있을지 몰라도, '법의 지배'와는 거리가 아주 멀다. 하이에크는 그의 명저 『노예의 길』에서, "정부에 무제한적 권력을 부여하면 가장 자의적인 규칙도 합법적인 규칙이 될 수 있다. 이런 식으로 가면 민주주의는 우리가 상상할 수 있는 가장 완전한 독재체제를 만들어낼 수도 있다."고 경고하였다.

오늘날 의회가 제정하는 법(즉 입법, legislation)의 대부분은 특정 목적들을 추구한다. 예를 들면 경제사회 약자의 보호, 특정 산업의 지원 육성 등등이 여기서 말하는 특정 목적들이다. 자유시장에 맡기거나 자유방임 상태에 그대로 두어서는, 즉 내버려두어서는 이루어질 수 없다고 생각하는 목적이 특정 목적이다. 그러므로 이런 법률들은 목적 의존적(ends-dependent)이다. 쉽게 말하면 그런 목적을 추구하기 위해 제정하거나 개정한 것이 이런 법률이라는 말이다.

정부(입법부)가 이런 특정 목적들을 추구하는 게 무슨 잘못이라는 말인가? 민주적 절차에 따르기만 하면 되지 않는가? 왜 이를 문제 삼는가? 의아심을 갖는 독자가 많으실 것이다. 그런데 다시 생각해 보시라. '법의 지배'가 중요한 이유가 무엇인지. '법의 지배'는 모든 국민의 자유와 권리를 보호하는 데 목적이 있다. 이거면 되었지, 무엇이 왜 더 필요한가? 그런데도 특정 목적의 추구를 위한 입법이 필요하다고 생각했다면 그것은 반드시 누군가의 자유와 권리를 확대해 주거나, 누군가의 자유와 권리를 제한할 필요가 있어서일 것이다. 이 말은 특정 목적을 추구하는 법률들은 그 속에 특권과 차별을 규정하고 있다는 말과 같다.

다시 강조하건대 '법의 지배' 원리는 차별과 특권을 허용하지 않는다. 만일 어떤 정치적 이유로 혹은 어떤 정책 목적을 갖고서 특정 산업이나 집단에 특권을 주거나 차별을 가하려면 이를 '합법

적으로' 허용하는 법률을 제정하여야 한다. 특권과 차별이 '합법
적으로' 허용되도록 만들고, 이를 위해 정부가 강제력을 행사해
재정지원을 할 수 있는 새로운—즉 전에는 없던—권한을 정부
에 부여하는 법률의 제정이 필수적이다. 이런 권한을 행사할 때
지켜야 할 과정과 절차 등을 규정해 아무리 '합법성'을 갖추려고
노력해도, 그것으로 '법의 지배' 원리가 충족되지는 않는다. 합법
성은 '법의 지배'의 한 하위개념에 지나지 않기 때문이다.

4. 왜 권력은 분립되어야 하는가?: 견제와 균형의 원리

우리나라의 헌법은 자유민주주의의 원리에 따라 국가의 기능을 입법과 행정과 사법으로 분립하고 있다. 이것을 3권분립이라 한다. 권력의 분립을 민주주의의 기본으로 삼는 이유는 무엇인가? 권력분립이 없으면 민주주의는 불가능한가? 권력분립이 민주주의 체제의 필수 요소일지라도, 왜 하필 3권분립인가? 5권분립이나 2권분립이면 안 되는가? 정부의 기능이 3부로 나뉘어 있으면, 민주주의는 저절로 완성되는가?

민주주의의 제일 중요한 목표는 국가권력을 자의적으로 휘두르는 전제적인 정부(또는 독재 정부)의 출현을 막는 것이다. 전제 정부 아래에서는 국민의 자유와 재산을 보호하기 어렵다. 역사적으로 전제 정부의 군주(군왕)는 스스로 법을 만들고, 집행하고, 재판까지 수행하는 무소불위의 전권을 행사하였다. 자신의 통치에 필요하면 원하는 대로 법을 제정하고, 자기 마음대로 법을 해석해 적용하였다. 자신의 통치를 비판하거나 저항하는 사람들은 멋대로 법정에 세워 형벌을 가하였다.

영국의 식민지였던 미국이 독립하여 민주주의 정부를 세운 일을 일컬어 민주혁명이라 한다. 처음부터 민주주의 정부 형태를 채택하기로 작정한 미국의 건국 아버지들(founding fathers)은 국가 권력을 여러 기관이 나누어 관장하게 함으로써, 권력 독점에서 야기되는 권력의 남용과 사용(私用)을 막을 수 있는 제도를 구상하였다. 이들이 주목한 것은 프랑스의 계몽주의 철학자 몽테스키외가 『법의 정신』(1748)이라는 책에서 주장한 3권의 분립이었다. 다만 영국의 입헌군주제를 모델로 삼아, 입법권(의회), 행정권(왕)의 분리를 강조한 몽테스키외와 다르게, 미국의 건국 아버지들은 ① 입법부를 상원(Senate)과 하원(House of Representatives)의 이중 구조로 설계했고, ② 몽테스키외가 영국식 의회 시스템을 염두에 둔 것과 달리 대통령제라는 독특한 제도를 고안하였으며, ③ 사법권의 독립성을 한층 더 강화하는 등 미국의 정치사회적 필요에 맞게 중대한 수정을 가하였다.

미국에서 시작된 이 3권분립 형태가 오늘날 대부분의 민주주의 국가의 3권분립의 원형(prototype)이 되고 있다. 아주 예외적인 사례가 없는 것은 아니다. 자유중국 대만 정부가 그런 예외에 속하는데 중화민국 헌법은 전통적인 3권분립(입법원, 행정원, 사법원)

에 더하여 감찰원과 고시원을 두고 있다. 손문(孫文)이 제안한 이 체제는 전통적인 삼권분립 체제에 중국 전통 관료제의 요소를 결합한 것이라고 하는데 고시원과 감찰원의 역할은 보조적 역할에 그치고 있다.

그러나 뭐니 뭐니 해도 3권분립의 중대한 예외는 내각책임제 정부라고 할 수 있다. 내각책임제에서는 의회의 다수당이 수상을 선출하고 내각을 구성하기 때문에, 크게 보면 내각과 의회가 동일체처럼 움직인다. 그러므로 내각책임제 정부는 입법-행정, 사법의 2권분립 형태에 속한다고 말할 수도 있겠지만, 내각책임제 정부 역시 3권분립 형태로 간주하는 게 일반적이다.

3권분립과 약간 다른 차원이긴 하지만, 권력의 분립에는 중앙 정부의 주요 기능을 수평적으로 분립하는 방식만이 아니라, 지방정부에 자치권을 대폭 허용하는 수직적 분립의 형태와 행정부에 권한이 과도하게 집중되는 것을 막기 위해 행정부 소속 관청이 입법부의 통제(oversight)를 받는 소위 제4부의 기관을 두는 방식도 있다. 20여 개 기관에 달하는 미국의 독립규제위원회가 대표적인데 이들에게는 준입법권과 준사법권이 부여되어 있다.

대부분의 민주주의 정부가 3권분립 제도를 채택하고 있는 근본 이유는 무엇일까? 3권분립이 민주주의 정부의 필수적인 구성 요건이라고 말할 수는 없다. 그러나 국가권력이 3권으로 분립되어 있을 때, 즉 입법권, 행정권, 사법권으로 분립되어 있을 때 이들 간의

1787년 9월 17일 필라델피아에서 거행된 미국 헌법 서명식 장면.

상호 견제와 균형이 한결 쉽다는 점은 일종의 검증된 역사적 사실로 받아들여지고 있다. 다시 말해 견제와 균형을 이루는 면에서 3권분립이 2권분립이나 5권분립보다 유리하다고 판명되었다. 2권으로 분립된 경우엔 2권이 심각하게 대립할 때 중간 조정자가 없고, 5권으로 분립되어 있으면 이합집산이나 합종연횡이 모색될 가능성이 커지기 때문이다. 이런 면에서 3권분립은 사회진화(social evolution)의 산물 가운데 하나라고 말할 수 있다.

국가권력의 삼분(三分)은 입법권, 행정권, 사법권이 서로 다른 주체에 의해 독립적으로 행사되도록 만들려는 데 기본 목적이 있다. 그러므로 이들은 서로 간섭하지 않는 것이 정상이다. 그러나 국가의 일이라는 게 1/3씩 딱 나뉠 수 있는 게 아닌지라, 한 국가 안에서 입법, 행정, 사법의 3부가 불가피하게 서로 간섭하는 부분들이 생겨나기 마련이다.

예컨대 대통령이 정략적으로 자기 지지세력에게 유리한 정부 사업이나 정책을 추진한다면, 우선 야당이 가만히 보고만 있을 리 없다. 그러면 국회에서 논쟁이 붙고, 언론이 이를 보도하면서 여론이 일어날 것이다. 그로 인하여 손해를 보거나 볼 입장에 있는 사람들은 한편으로 자기 지역구 출신 의원들에게 호소하기도 하고, 경우에 따라서는 법원에 소송을 제기할 것이다. 그러면 사법부는 이를 법률 위반이나 헌법 위반으로 판결할 것이다. 마찬가지로 국회가 입법한 법률안이 국익에 합치되지 않는다고 판단될 때 대통령은 거부권을 행사할 수 있고, 국회는 재적의원 2/3 이상의 찬성으로 이를 뒤집을 수 있다.

이와 같이 정부의 어느 1부의 행동이 지나치다고 생각되면, 다른 2부는 각자 또는 암묵적인 동의 아래 그 1부의 행동을 저지하려고 할 것이다. 이 경우 그 1부가 2부의 견제를 이겨내기는 아주 어렵다. 한 기관에서의 견제라면 무시하거나 압도할 수 있을지 모르지만, 두 기관에서 제기하는 견제를 무시하거나 방어하면서 정치적 정통성을 얻어내기는 거의 불가능하다. 바로 여기서 권력 간에 견제와 균형이 만들어진다.

이처럼 민주주의 정부가 독재 정부로 탈바꿈하기 어렵게 만드는 것이 3권분립이다. 그러나 여기서 우리가 주의해야 할 점이 있다. 그것은, 그렇다고 해서 3권분립이 독재의 등장을 원천적으로 막아주는 것은 아니라는 사실이다. 제1차 세계대전 후 독일에서 바이마르 민주정부가 탄생했지만, 이내 나치 독재 정부에 권력을 넘겨주고 만 것이나, 우리나라에서 1960년 4·19 민주학생의거로 민주당 정부가 태어났지만, 1961년의 군사 쿠데타로 하루아침에 민주주의 정부가 무너지고 만 것 등이 좋은 예다. 국민이 독재에 항거하고 저항하려는 강한 의지가 없는 한, 민주주의를 지켜낼 완전한 방법은 없다는 사실을 잘 보여준다.

흔히 간과되는 경향이 있어 보이나 견제와 균형의 원리 위에 서 있는 3권분립은 전제정치나 독재정치를 완전하게는 아니지만 꽤 효과적으로 방어하는 장치로서만 기능하는 게 아니다. 어떤 면에서는 이보다 더 중요하게, 민주주의 국가와 사회가 현명한 정치적 또는 정책적 결정을 도출하도록 유도하는 매우 중요한 기능을 수행한다. 그 이치는 이러하다. 무엇보다도 먼저 민주주의는 인간이 불완전한 존재라고 가정한다. 불완전하다는 것은, 대체로 바른 판단을 하지만, 심심치 않게 틀린 판단도 한다는 뜻이다. 심리학 및 행동경제학 연구들에 따르면, 모든 인간이 편견을 갖고 있고, 이해관계에 따라 다르게 판단하며, 판단에서 일관성을 유지하지도 못한다고 본다. 자신은 용의주도하게 판단하였다고 생각하지만, 다른 사람들의 안목에서는 오차(error)가 많고, 허점투성이 결정을 내리는 경우를 많이 볼 수 있다. 잘못된 판단과 선택을 줄일 수 있는 효과적인 방법은, 서로 다르게 판단하는 사람들이 서로에 대해 비판하고 토론하는 과정을 거치게 하는 것이다. 그렇게 함으로써 서로의 주장에 숨어 있는 오차를 찾아내고 허점을 보완해, 이전보다 더 나은 방안을 만들어내도록 하는 것이다.

국가 전체적으로 수많은 정치적, 정책적 판단이 이런 비판적 토론 과정을 거치게 되면, 치명적으로 잘못된 결정들을 걸러낼 가능성이 그만큼 높아진다. 비판이 있다고 해서 틀린 선택들이 모두 다 수정되는 것은 아니지만 그래도 비판이 없는 경우보다는 더 그럴듯한 선택에 이를 가능성이 커진다. 이런 결과들이 쌓이다 보면, 비민주적인 정부보다 민주적인 정부가 현명한 선택에 이를 가능성이 비교할 수 없을 만큼 높아지게 될 것은 불문가지이다.

2024년에 펴낸 『넥서스』(*Nexus*)에서 유발 하라리(Yuval Harari)는 '민주주의와 독재는 대조적인 유형의 정보 네트워크'라면서 이렇게 말한다.: "민주주의의 또 다른 특징은 모든 사람이 오류를 범할 수 있다고 가정하는 것이다. 따라서 민주주의는 중앙 정부에 몇 가지 중요한 결정을 내릴 권한을 주는 한편, 중앙 권력에 이의를 제기할 수 있는 강력한 장치도 갖추고 있다. 제임스 매디슨 대통령의 말을 빌리자면, 인간은 오류를 범하기 때문에 정부를 필요로 하지만, 정부도 오류를 범하기 때문에 선거를 정기적으로 실시하고, 언론의 자유를 보장하며, 정부 권력을 행정부, 입법부, 사법부로 분리하는 등 **오류를 찾아내고 바로잡을 장치가 필요하다.**" 민주주의 제도의 정곡(正鵠), 핵심을 찌르는 말이 아닐 수 없다.

기본적으로 모든 사람이 실수와 오류에 빠져 그릇된 결정을 내릴 가능성을 전제하는 민주주의에서는 실체적 합리성(substantial rationality)보다 절차적 합리성(procedural rationality)을 더 중시한다. 민주주의 예지(叡智)는 어떤 바람직하고 구체적인 국가 목표의 실현에 있기보다는, 그런 목표를 찾아나가고 이룩해 나가는 제도적 과정과 절차 속에 깃들어 있다. 이 점은 매우 중요하다. 이 점을 잘 인식할 때 비로소 우리는 민주주의 제도의 존재 이유와 기능을 정확하게 이해하고 있다고 말할 수 있다. 어렵기 짝이 없는 각종의 정치 사회적 문제들을 해결해 나가는 과정에서 정답(합리적 해결책)이 무엇인지 아무도 모르고 또 모두의 동의에 이르지 못했을 때, 정답 혹은 정답에 가까운 해답을 찾아나가는 과정과 절차의 합리성이 여기서 말하는 절차적 합리성이다.

다시금 강조하건대, 무엇보다도 중요하게, **견제와 균형의 원리는 민주적이고 합리적인 토론과 비판을 조장한다.** 왜 그럴까? 견제와 균형의 원리를 대변하는 권력의 분립은 분립된 실체(예컨대 입법부, 행정부, 사법부)들의 독자적인 판단을 허용한다. 이것은 같은 사안에 대하여 서로 다르게 이해하고 판단할 수 있게 됨을 의미한다.

같은 문제를 놓고 서로 다르게 이해하고 판단한다면, 어느 편이 옳은지 논란이 일기 마련이고, 각자가 자신의 주장이 더 옳다고 주장하려면, 다른 주장들의 약점이나 모순을 지적하여야 한다. 한마디로 말해 토론과 비판이 일어나지 않을 수 없다. 이런 토론과 비판의 과정을 통해 그릇된 판단은 배제되고, 조금이라도 나은 대안이 선택된다. 이것이 견제와 균형의 원리가 만들어내는 놀라운 결과이다.

민주주의 정부를 오랫동안 유지한 대다수 국가가 선진국 대열에 서 있는 것은, 이들이 절차적 합리성 확보를 위한 여러 요건 중에서도 3권분립으로 대표되는 견제와 균형의 원리를 잘 이해하고, 잘 작동시킴으로써 궁극적으로 좀 더 현명한 정치적, 정책적 선택과 결정을 할 수 있었기 때문이고, 이런 관행이 사회 전체적으로 합리적 가치관과 생활방식으로 자리하고 있기 때문이다.

물론 민주주의 정부들이 더 현명한 국가적 선택에 이르도록 만든 것이 견제와 균형의 원리, 그것뿐이라고 말할 수는 없다. 예컨대 대다수 민주주의 국가는 개인의 재산권을 인정하고, 자유시장경제 체제를 유지함으로써 개인과 기업이 자신의 지식과 정보를 최대한 활용하여 자신의 이득을 극대화할 뿐만 아니라 그것이 (아담 스미스의 '보이지 않는 손'의 작용으로) 공동체의 이익이 되게끔 만들어 주고 있기도 하다. 이런 다른 요소들의 중요성을 인정할지라도 민주주의 정부들이 더 합리적이고 현명한 선택의 길로 가도록 돕는 가장 중요한 기제(mechanism)는 역시 3권분립이고, 그것으로 대표되는 견제와 균형의 원리임이 분명하다.

견제와 균형의 원리를 이런 관점에서 이해하고서 보면 민주주의 국가에서 이 원리는 비단 3권분립의 형태로만 표현되는 게 아니라 온갖 형태와 방식으로 서로가 거미줄처럼 복잡하게 얽혀 표현되는 것을 쉽게 알아챌 수 있다. 행정부의 부처들이 분립되어 있는가 하면, 중앙정부와 지방정부가 분립되어 있다. 국회 안에서도 여당과 야당이 분립해 있다. 다양한 이념과 지향을 가진 사회단체가 분립되어 있고, 언론의 사정도 마찬가지다. 얼핏 보면 이들이 서로 다투기만 하는 것으로 보이기 때문에 혼란이고 낭비라고, 또 비효율적이라고 생각하기 쉽다. 하지만 이런 생각이야말로 반민주적인 생각이고, 단견 중의 단견이다. 어느 누구도 정치사회 문제의 정답이 무엇인지 알고 있지 않은 이상, 서로 의견을 달리하는 것은 지극히 정상적이다. 그 사회가 풀어야 할 진정한 숙제는 서로 다른 의견 가운데 어느 것이 조금이라도 더 정답에 가까운지를 발견해 내는 것이다. 이렇게 민주사회 문제의 성격을 이해하고 보면 왜 민주국가에서 토론과 비판의 존재가 무엇보다 중요시되어야 하는지를 정확히 알 수 있다. 이런 의미에서 민주주의는 한마디로 비판이 **제도화되어 있는** 체제이다.

이런 의미에서 '민주주의가 발전하였다.'는 말은 국가 운영에서 비판이 더 원활하게 이루어지도록 하는 제도가 잘 갖추어지

LA BRÈDE (Gironde) Monument Montesquieu

1900년대 초에 건립된 몽테스키외 기념 조형물.

고 잘 정착되었음을 뜻한다. 비판이 원활하게 이루어지려면, 우
선 언론의 자유, 표현의 자유 등 기본적 자유와 권리가 보장되어
야 한다. 가능한 범위에서 정보가 최대한 공개되어야 한다. 논쟁
을 가로막는 훼방꾼이나 폭력적 세력을 배제, 제거해야 한다. 특
정 세력의 주장을 신성시하는 분위기나 문화도 배격해야 한다.
비판은 이성적 작업이라는 점에서 비난이나 규탄과 다르다. 후
자는 대안적 방안을 제시하지 않고, 상대방의 제안이 불완전하
다는 점만 부각한다. 인간이 만든 것 중에 온전한 것이 어디 있
으랴! 비난은 합리적인 증거나 이론에 근거하지 않고 비현실적

인 이유나 이념을 들어 잘못되었다고 공격하는 행동, 그것이 비난이다. 비판은 더 나은 방안을 찾는 데 도움을 주지만, 비난은 건설적 논쟁을 방해하는 행위이다. 비판을 근간으로 하는 인간 이성의 증진이 문화 발전의 척도가 되는 것은 이런 연유에서다.

권력분립, 견제와 균형의 원리의 활용은 국정운영에서 필수적으로 등장하는 '모순의 관리' 면에서도 절대적으로 유리하다. 예컨대 3권분립의 경우는 물론이고 일반적으로 권력이 분립되어 있으면, 사회 전체적으로 다양성이 증가한다. 분립된 권력들이 각자 자신의 목소리를 내면, 다양한 주장들이 전개될 것이고, 저절로 사회 전반에 이질성의 허용 정도가 커지며, 변화와 개혁을 모색할 여지도 넓어진다. 한마디로 국가사회에 개방성과 신축성이 높아진다.

권력이 분립되어 있으면, 즉 분권화(decentralization)되어 있으면, 이질적인 요소들 간에 이합집산이 일어날 수 있고, 분립된 권력들의 자유재량 때문에 변화를 시도하기가 쉬워진다. 새로운 실험적 활동이 용이해지고, 결과적으로 사회 전체적으로 창의력이 살아난다. 사회의 역동성이 커지고, 발상이 더욱 다양하게 전개되는 선순환이 일어난다.

사회 전체적으로 다양성이 커지고 개방성과 신축성이 높아지는 것을 보며 혼란이 극심하다고, 무질서하다고, 또는 컨트롤 타워(control tower)가 없어서 난장판이 되어간다고, 못마땅해 하는 사람들이 꽤 많다. 그러나 이것은 좁고 단순한 안목에서 나오는 비난이고, 쓸데없는 걱정이다. 인간세상에 모순이 혼재(混在)하는 것은 피할 길이 없다. 이 점을 간과하게 되면, 다양성은 불필요한 낭비와 혼란의 동의어가 되고 만다. 생각해 보시라. 과연 우리가 모순이라고 보는 그 모순들은 정말 없앨 수 있는 것들인가? 설령 그런 모순을 없애면, 다양성을 없애면, 세상의 모든 일이 일사불란하게 정돈이 될까? 언뜻 이해되지 않는 말이겠지만, 다양성과 모순의 동거(同居)는 불가피하다. **권력분립은, 간단히 말해, 다양성을 허용하는 장치이다. 모순을 발효시키는 장독이다.** 모순이 허용되어야 창의성이 발현된다. 모든 일이 일사불란(一絲不亂)하게 진행되기를 바라는 사람들은 컨트롤 타워의 부재를 탓하기 쉽지만, 컨트롤 타워가 반드시 현명한 판단과 결정을 내리리라는 보장도 없거니와 컨트롤 타워가 생겨나는 순간 사회의 역동성은 위축되고 사라진다. 사회의 역동성은 모순적 활동과 발상들이 자유롭게 경쟁하고 결합하고 공존할 때 비로소 나타난다. 민주주의 사회가 권위주의 사회나 공산주의 사회보다 더 역동적이고 진취적인 이유가 바로 여기에 있다. 다양성이 불가피하게 허용하고 수반하는 모순을 권력분립으로, 견제와 균형의 원리로, 토론과 비판을 통해 잘 소화해 내기 때문이다. 이런 면에서 모순이 파괴적으로 흐르지 않게 관리하는 일이야말로 민주주의 정부의 핵심적인 역할이다. 이 역할을 얼마나 잘 수행하느냐가 민주주의의 수준을 잴 수 있는 가장 정확한 척도라고 말하면 지나친 말일까? 모순을 회피하려고 하면 할수록, 민주주의의 수준은 낮아진다. 3권분립은 말할 것도 없고 일반적으로 권력분립은 민주주의 사회를 활기차고 약동하는 사회로 이끄는 엔진이다. 그것은 자의적이고 전제적인 선택을 막아주고, 현명(賢明)을 늘릴 수 있으며, 창의성을 북돋는 마술이다.

5. 국회의 입법권은 무제한인가?

대의정치(代議政治)는 국민이 직접 정치에 참여하지 않고, 대표자를 선출하여 그들이 국민의 의사를 반영하도록 하는 정치체제이다. 쉽게 말해, 주권자인 국민이 뽑은 대리인들에게 국가를 '국민의 뜻'에 맞게 운영하라고 국가 운영의 권한을 위임하고 정치적 책임을 지도록 하는 방식이다. 그러므로 국민과 국민이 선출한 대표자들은 주인-대리인의 관계(principal-agent relation)로 묶여 있다. 주인-대리인 관계에서 늘 문제가 되는 것은 두 가지다. 하나는 대리인이 과연 주인의 뜻대로, 주인이 원하는 대로 정확하게 행동하는가이고, 다른 하나는 주인이 얼마나 효과적으로 대리인의 행동을 감시할 수 있느냐이다. 이 두 가지 근본적 문제가 효율적으로 해결되지 않는다면 대의정치는 정상 궤도를 이탈하게 된다. 그런데 생각해 보자. 대의민주주의에서 입법권은 국민의 대표자들이 모인 국회에 주어져 있다. 국회가, 국회의원들이 정말 '국민의 뜻'을 따라서만 입법 활동을 한다고 볼 수 있을까?

여기에는 다시 두 가지 문제가 있다. 첫째, 국회에서 국민의 대표자인 의원들이 '국민의 뜻'임을 앞세워 입법을 추진하지만, 이 책에서 무수히 강조하고 있듯이, '국민의 뜻'이라는 게 사전적으로 명확하게 주어져 있는 게 아니다 보니, 그때그때 그야말로 아전인수(我田引水)로 이렇게 저렇게 해석되고 인용되는 사례가 너무나도 많다. 국민의 대표자가 '국민의 뜻'을 대변해 입법권을 행사한다고 하지만 의원 각자가 이해하고 파악하는 '국민의 뜻'이 과연 '국민의 뜻'인지, 아니면 자기 생각과 의지를 '국민의 뜻'이라고 우기거나 자기의 지지 집단이나 단체, 지역구민의 요구사항이나 희망사항을 '국민의 뜻'이라고 단정하는 것인지를 정확히 구분해 내기 힘들다.

둘째, 소속 정당과 의원의 관계 여하에 따라 이 대표성 문제는 더 심각해진다. 정당은 특정 이념이나 정책을 바탕으로 정치활동을 수행하는 조직으로서, 후보자를 공천하고 선거에서 당선된 의원들이 정당의 정책을 실현하는 방식으로 작동하며, 소위 당론 또는 정당의 공식 입장에 따라 의원 개개인의 정책 입장이 어떤 형태와 수준으로든 기속(羈束)을 받는 게 일반적이다. 물론 의원 중에는 소속 정당의 입장과 다른 의견을 내거나, 무소속인 의원들도 있기는 하다. 또 의원이 소속 정당의 당론을 따르지 않거나, 당의 입장을 비판할 경우 징계를 받고 탈당하거나 다른 정당으로 당적을 변경하기도 한다. 이런 경우들은 크게 비판할 대상은 아니다. 문제가 되는 것은 당리당략(黨利黨略)이다. 정당은 본래 민주주의 체제에서 정권의 획득이나 유지를 최우선 목적으로 삼고 선거를 통해 국민의 심판을 받는 정치조직이라는 점에서 정당의 이념이나 정강정책(政綱政策)을 두고 왈가왈부하기 힘든 일이긴 하지만, 정당의 활동이 국가와 국민을 위하기보다 오로지 정권의 획득 또는 유지에만 골몰하는 것으로 보일 때 이를 두고 지나치게 당리당략적이라고 말하는 게 보통이다.

예를 들면 소위 '노란봉투법'(노동조합 및 노동관계조정법 2~3조 개정에 관한 법률안)이란 것이 있다. 이 법률안은 2014년 법원이 쌍용자동차㈜의 구조조정에 반대하여 일어난 파업 및 공장 점거 사태에 참가한 노동자들에게 47억 원의 회사 측 손해를 배상하라는 판결을 내리자, 한 시민이 노란색 봉투에 성금을 넣어 전달한 것이 캠페인으로 발전하면서 그런 이름이 붙게 되었다. 폭력과 파괴행위로 인한 손해를 제외하고는, 노동쟁의 과정에서 발생한 손해(예컨대 생산 중단에 따른 매출액 손실 등)에 대해 기업주가 노조에 배상 청구를 하지 못하도록 제한하는 내용을 핵심으로 하는 법률안이다. 노사분규를 보는 관점 면에서 거의 대척점에 서 있는 여야 정당이 이런 법률안에 합의하기를 기대하기는 난망(難望)이다. 그런데 제1야당이 제22대 국회 의석의 과반을 훌쩍 넘기는 거대 야당이 되면서, 10여 년에 걸쳐 연거푸 폐기와 재상정 과정을 밟으며 내용이 다소 수정된 이 법률안을 밀어붙였다. 여당의 반대에도 불구하고 국회 본회의에서 가결되어 행정부에 이송되었으나, 대통령의 거부권 행사 이후 국회 재의에 실패함으로써 노란봉투법은 일단 폐기되었다. 그러나 이 법률안은 휴화산과 같아서 언제 다시 재상정될지 알 수 없다. 이런 법률안과 같이 여야 정당의 입장이 첨예하게 대립하고 있음에도 불구하고 다수당이 입법 의도를 꺾지 않을 때 이것은 과연 '국민의 뜻'과 어떤 관계에 있는 것일까?

이 사안에서 우선적으로 노동자의 편을 드는 현재의 야당과 우선적으로 기업의 편을 드는 현재의 여당이 서로 자기 당의 입장이 '국민의 뜻'에 더 부합한다고 주장하는 셈인데, 이상적으로는 합리적인 토론과 비판을 통한 합의 형성을 제안할 수 있지만, 현실 정치에서 이런 제안은 하나 마나, 있으나 마나이다. 정당 간의 이념 대립이 극심하고 정파의 이해관계가 복잡하게 얽혀 있는데, 어떻게 합리적이고 중립적인 의사결정이 가능하겠는가? 이런 경우가 한두 번이 아니고 한두 가지가 아니다.

'중대재해처벌법'은 대의정치 아래서 국회의 입법권 행사에 강한 의문을 표하게 만드는 또 다른 경우다. 2022년 1월에 도입된 이 법률은 2025년 현재 시행 3년째에 접어들었는데, 결론부터 말하자면 법 시행에도 불구하고 건설 현장을 중심으로 사상자가 늘어난 것으로 나타나고 있다. 잇따른 건설사고 등에 자극을 받은 야당이, 사업주에 대한 극단적인 처벌 강화를 주내용으로 하는 이 법률안을 밀어붙였으나 이 법률이 과연 중대재해의 예방에 효과가 있을 것인지에 대하여 재계와 경영자단체는 한목소리로 이 법이 일으킬 부작용을 강조하면서 폐지를 주장하였다. 기왕에 산업안전에 관한 법률이 빽빽하게 제정되어 시행 중인 상태에서 옥상옥(屋上屋)이라는 평가를 받는 이 법이 시행된다고 달라질 건 없다는 게 이들의 일관된 주장이다.

대한민국 국회의 본회의장 모습.

아닌 게 아니라 이들의 우려는 모두 현실로 나타났다. 즉 "법이 요구하는 서류만 잘 작성하면 의무 위반을 피하는 구조여서 해당 기업들이 서류 준비에 정성을 쏟게" 되었는가 하면, "사고 예방에 써야 할 기업의 안전 관련 예산이 늘어나도 대부분 안전관리자의 인건비와 이 법의 처벌 대상인 대표이사의 형사 처벌을 피하기 위한 로펌(법무법인) 컨설팅 비용 등으로 사용되어, 안전관리자와 로펌 변호사들만 재미를 보게 만든" 것이다. 특히 2024년부터 50억 원 미만의 건설공사 현장에까지 이 법의 적용이 확대되면서 법무법인은 물론이고, 노무법인, 안전진단기관, 보험설계사까지 영세 업체들을 상대로 영업에 나섬으로써 '중대재해처벌법 특수(特需)'라는 말까지 나오고 있다.(조선일보 2025. 2. 7일자 참고)

이처럼 합리적이지도 않고 현실성이 심히 결여된 법률의 제정 홍수, 소위 입법 폭주 사태는 우리나라 국회의 입법권 남용이 어느 수준에 이르렀는지를 보여주는 단적인 예에 불과하다. 우리나라의 의원입법 증가추세는 가히 폭발적이다. 국회 의안정보시스템 자료에 의하면, 20대 국회(2016.5~2020.5)의 의원 발의(發議) 법률안은 23,047건으로 정부 제출 법률안의 약 15배였고, 21대 국회(2020.5~2024.5)는 의원 발의 법률안이 25,858건으로 정부 제출 법률안의 약 17배, 22대 국회(2024.5~)는 2025년 2월 현재 의원 발의 법률안이 7,893건으로서 정부 제출 법률안의 약 47배에 이른다. 국회의원의 의회 활동 평가의 중요 항목 중 하나가 우습게도 악법인지 좋은 법안인지를 가리지 않은 채 이루어지는 발의 건수이고, 동료의원 10명의 동의를 얻으면 발의할 수 있으니 (헌법 제52조, 국회법 제79조) 서로 밀어주기(log-rolling)를 무수히 행하는 때문이다. 정부가 제출한 법률안의 수정안을 발의하는 경우에는 국회의원 1인만으로 발의가 가능하다.

　더 심각한 문제는 이렇게 폭발적으로 증가하는 의원입법 발의안의 태반이 국민과 기업의 자유와 권리를 제약하는 규제를 신설하거나 강화하는 규제관련 법안들이라는 사실이다. 이들 규제법안의 상당수가 행정부 산하 규제개혁위원회(1998년 설치)의 엄격한 규제심사를 피하려는 의도에서 의원입법의 형태를 빌어 발의되고 있는 게 숨길 수 없는 현실이고 보면, 행정부의 규제개혁위원회 규제심사 제도에 준하는 규제심사 절차가 의원입법에 대해서도 실효성 있게 적용되도록 해야 할 것이다. 2005년경 국회 스스로 '규제개혁특별위원회'를 설치 운영하기도 하였으나 성과는 미미하였고, 현재도 국회 입법조사처가 시행하는 '입법영향분석' 제도가 있기는 하나 형식에 그치고 있다. 2024년에 발족하여 의원 발의 법률안을 매주 평가해 보도자료를 내는 '좋은 규제 시민포럼'은 의원입법의 30% 정도가 규제 관련 입법이고, 그것도 악성 법률안이 많다고 밝히고 있다.

　일반적으로 '공공목적'의 달성을 위해 우선적으로 강구되는 대표적 정책 수단이 규제인데, 의원 발의 법안의 상당 부분이 규제법안이라는 사실은 우리 사회에 규제만능주의가 얼마나 만연해 있는지를 말해 준다. 각종 경제사회 문제를 해결하는 방법이 규제밖에 없고, 규제를 하면 문제를 쉽게 해결할 수 있다는 지극히 단순하고 원초적인 생각, 즉 규제만능주의는 시장기능에 대한 무지와 오해, 또 정부가 시장에 개입하면 문제를 단숨에 해결할 수 있을 것이라는 정부의 문제해결 능력에 대한 맹신에 근거하고 있다.

최근 논란의 핵심 중 하나였던 양곡관리법 개정안은 두 차례나 대통령 거부권이 행사된 대표적 문제 법률안이다. 쌀이 남아도는 나라에서 쌀 초과생산이 일정 수준 이상이면, 정부가 초과생산 전량을 의무적으로 매입해야 한다는 내용을 담은 이 법안 역시 거대 야당이 주도하였다. 쌀값이 평년 가격 아래로 하락하면 그 차액을 정부가 지급하는 양곡가격 안정제도 역시 야당 주도로 국회를 통과하였으나 대통령의 거부권이 행사된 법안이다. 거대 야당은 생산자의 이익 보호, 양곡의 적정한 가격 유지, 식량안보, 식량자급률 제고 등의 명분을 내세우지만 누가 그 속셈을 모를까? 제14장에서 민주주의의 대표적 병리 현상인 포퓰리즘에 대하여 깊이 고찰하겠지만, 이런 법안들이야말로 반시장적인 포퓰리스트 법안을 대표한다. 생각해 보자. 정부가 쌀 가격을 보장해 준다는데, 싫어할 농민이 어디 있을까? 도시 서민도 농민을 위한다는 명분 앞에 감히 반대하고 나서지 못한다. 초과생산된 쌀, 마늘 등 농산물의 경우를 제외하면 초과생산된 상품 전량을 정부가 사 주는 일은 생각조차 할 수 없다. 그렇게 해서는 시장도 엉망이 되겠지만, 윤리적이지도 않다. 과잉 공급시장에서 빨리 손 털고 나오는 게 상책인 사람들도 계속 개미지옥에 허우적거리게 만들 뿐이니 정치적 계산이 아니라면 이런 법안을 밀어붙일 이유가 무엇이겠는가?

문재인 정부 시절에 입안된 '임대차 3법'도 반시장적이기는 마찬가지다. '임대차 3법'은 ① 세입자에게 기존 계약이 끝난 후한 번 더 계약 연장을 요구할 수 있는 계약갱신 청구권을 부여하되 임대인은 특별한 사유가 없으면 이를 거부할 수 없도록 하고, ② 임대차 재계약 시, 임대료(전세·월세) 인상폭을 5%로 제한하는 것을 주내용으로 하는 '주택임대차보호법 개정안,' 그리고 ③ 전·월세 계약을 체결하면 30일 이내에 지방자치단체(구청·읍면동)에 쌍방이 계약 금액을 신고해야 하는 제도의 신설을 내용으로 하는 '부동산 거래신고 등에 관한 법률 개정안'을 가리킨다. 이 법이 시행되자, 임대인이 임대료 5% 인상 제한을 피하려고 실거주를 이유로 세입자를 내보내는 사례가 증가하는가 하면, 임대인들이 세입자의 계약갱신 청구권 행사를 예상해 초기 임대료를 높게 책정하는 현상이 발생하였다. 이에 따라 전세 매물이 감소하며 월세 전환이 가속화되는 등 많은 부작용과 문제점을 드러내었다. 당시 정부와 국회는 턱없이 부족한 주택 공급은 뒤로 한 채 '임대차 3법'을 통해 세입자의 복지 향상(주거 안정)을 꾀해 보겠다고 최강수를 두었지만, 임대인의 재산권을 과도하게 제한함으로써 전세, 월세 시장을 뒤흔들고 매매가격 상승을 부추겨 무주택자인 임차인에게 더 큰 고통을 안겨주고 말았다.

  국회에서 반시장적인 법안들이 쏟아져 나오는 이유는 또 다른 측면에서 규제에 대한 의원들의 이해가 부족하기 때문이다. 우리 국회는 '규제는 숨겨진 세금'이라는 사실에 대한 이해가 거의 없는 것으로 보인다. 국회의 역사적 기원을 살펴보면, 국회는 "'대표 없는 과세'(no taxation without representation)는 없다."는 원칙 위에서 있음을 잘 알 수 있다. 제3장에서 인용한 바 있는 영국의 〈마그나 카르타〉는 영국 왕 존(John)이 전쟁 비용 마련을 위해 과도한 세금을 부과하자 귀족들이 반발해서 생겨난 것이다. "국왕이 임의로 세금을 부과할 수 없으며, 반드시 귀족과 성직자들의 동의를 받아야 한다."는 원칙에 왕이 서명한 〈마그나 카르타〉로 인해 이후, 의회의 전신이라고 할 수 있는 '신분제 의회'(Parliament)가 형성되기에 이르렀다. 그러던 중 17세기에 이르러 찰스 1세(Charles I)가 의회의 승인 없이 세금을 부과하려 하자 의회와 왕권이 충돌하면서 청교도 혁명(1642~1651년)이 일어났고, 결국 1689년 명예혁명을 통해 "의회의 승인 없이는 과세할 수 없다."는 원칙이 확립되었다. 미국 독립혁명의 도화선이 된 1773년의 '보스

턴 차 사건'(Boston Tea Party) 역시 '대표 없는 과세는 부당하다!'며 저항했던 식민지 국민이 일으킨 사건이었다.

이와 같이 국회는 국민이 절대군주의 독단적 세금 부과에 저항하면서 등장한 경우가 많고, 이런 면에서 세금 문제는 단순한 경제적 이슈가 아니라 정치적 대표성과 민주주의 발전의 핵심 요인으로 작용한 것이 주지의 사실이다. 이런 때문인지 국회는 세금의 증과(그리고 예산 심의)에 대해서는 비교적 관심이 크나, 규제로 인한 '세금의 증과'에는 거의 완벽한 무지(無知) 상태에 있다고 말해도 과언이 아니다. 우리는 흔히 규제로 인해 발생하는 비용은 규제를 받는 기업과 개인, 즉 피규제자가 부담한다고 생각하고 마는 경향이 있다. 하지만 피규제자들이 부담하는 비용은 결국 그가 생산하는 상품과 서비스의 원가에 추가되고 그래서 비싸진 가격을 부담하는 측은 소비자 혹은 국민 일반이다. 이러니 규제는 세금이나 마찬가지라고 볼 수 있다. 다만 규제의 비용이 최종적으로 국민에게 귀착된다는 사실이 숨겨져 있을 뿐이고, 그래서 조세와 재정으로 해야 할 일도 규제로 하는 일이 다반사로 벌어지는 것이다.

실제로 이 사실을 정확히 아는 국민은 극소수에 불과하다. 이런 이유 때문에 규제는 남발되고, 그렇게 남발된 규제들은 국민과 기업의 자유를 얽어매고 도전과 혁신의 기운을 질식시키고, 기업가정신을 고갈시킨다. 주요 선진국들이 반도체 신기술 혁신에 민관이 한마음이 되어 혼신의 힘을 기울이고 있는 이때 우리 나라는 반도체 산업에 대한 정부의 조세 및 재정지원은커녕 민 주노총의 강력한 반대에 밀려 '주 52시간 제도'를 고수하고 있는 형편이니 더 말해 무엇하랴!

바로 여기서 우리는 제3장에서 살펴본 '법의 지배'의 원리와 취지를 환기하지 않을 수 없다. '법의 지배' 혹은 일반인들이 사용하는 법치라는 말은 '법(규정)대로 하는 것,' 즉 합법성만을 뜻하지 않는다. 정당한 입법권자(입법부)는 무엇이든 법으로 제정할수 있고, 그 법의 집행은 합법적이라고 보는 것을 두고 법치가 확보되고 있다거나 '법의 지배' 원리가 잘 작동하고 있다고 말할 수 없다. 무엇보다도 중요하게, '법의 지배'는 '모든 입법에 대한 제한', 또는 더 정확하게 입법의 범위에 대한 제한이다. 민주적 절차에 따라 정당하게 선출되고 정당하게 입법권을 갖고 있다고 해도, 국회가 제정하는 법률에는 일정한 제한이 있어야 한다는 것이 '법의 지배' 원리의 핵심이다. 이 원리는 법이 어떠해야만 하는지에 관계되어 있다. 아무리 합법적 절차를 거쳐서 제정(개정)된 법률이라도, 그것이 국민의 법 감정과 상식, 혹은 법 관념에 합치되지 않으면, 그것들은 '법의 지배' 원리를 넘어선 법률이라고 말할 수 있다.

왜 이런 종류의 법률이 자꾸 만들어지는 걸까? 위에서 예시한 법률(안)들이 잘 보여주듯이 이런 종류의 법들은 모두 특정 목적을 추구한다. 국회가 국민 모두를 상대로 한 일반적 목적이 아니라, 특수 계층이나 집단에 도움을 주는 특수한 목적을 추구하는 이유는 두말할 것도 없이 정치적 이유 때문이다. 국회의원은 선거에서 이겨 재선, 삼선을 하거나, 정권을 획득하는 것이 최우선적인 목표이다. 정당과 의원들이 나라의 문제들을 바로잡는다는 명분을 앞세워 각종 입법에 바쁘지만, 그것이 과연 누구를 위하는 일인지를 옳게 따질 줄 알고, 다음번 선거에서 심판할 줄 아는 국민이 아니면 입법권의 남용과 오용을 막기 힘들다.

헌법에 법률의 제정권이 국회에 주어져 있다고 해서 아무런 법률이든 국회가 만들기만 하면 정당한 법률이라고 주장한다면 입법권의 남용, 폭주, 더 나아가 '입법 독재'는 피할 길이 없게 된다. 최근 해외 신용평가사들이 "한국의 입법부는 고도화된 한국경제를 다룰 능력이 없다."는 평가를 내놓고 있다 한다. 깊어만 가는 글로벌 경쟁 시대에 낭떠러지로 굴러떨어질 위기에 처해 있다고 해도 과언이 아닌 이때 그것을 깨닫지 못하는 우리 국회, 정말 한심하지 않은가?

6. 사법부, 선출되지 않은 권력?

민주주의 국가에서 모든 권력은 국민에게서 나온다. 이것을 국민주권주의라고 부른다. 우리 헌법 제1조 2항도 "대한민국의 주권은 국민에게 있고 모든 권력은 국민으로부터 나온다."고 하여 국민주권주의를 천명하고 있다. 이에 따라 입법부의 구성원인 국회의원은 각 선거구 주민들이 직접 선출한다. 여기에 더하여 지지정당에 대한 투표를 계산하여 비례대표 의원을 선출하기도 한다. 행정부의 수반인 대통령도 국민의 투표로 선출한다. 이에 비하여 사법부를 구성하는 법관은 단 한 자리도 선출직이라고는 없다. 사법부의 최고기관인 대법원과 헌법재판소는 국회의 임명 동의 절차를 밟아 대통령이 임명하는 대법관과 헌법재판관으로 구성된다. 지방법원과 고등법원 등 모든 법원의 판사는 대법원장이 임명한다. 이처럼 사법부의 구성에 국민은 직접 관여하지 않는다. 이런 이유로 사법부를 '선출되지 않은 권력'이라고 비하하며, 사법부가 행사하는 권력의 정통성에 의문을 제기하는 사람들이 있다. 과연 옳은 비판이고 생각인가?

민주주의 국가에서 사법부를 이런 방식으로 구성하는 것은 일반적이고 보편적이다. 그 이유가 무엇일까? 입법부, 행정부, 사법부의 권력을 분립하고 상호 견제하도록 함으로써, 어느 1부도 국가권력을 독점적으로 행사하지 못하도록 하기 위해서다. 민주주의 국가들이 채택하고 있는 3권분립 체제의 핵심은 3부가 각기 최대한의 독립성을 갖도록 만드는 것이다. 이를 위해서는 어느 1부도 다른 2부의 인적 구성에 과도한 영향력을 행사할 수 없도록 만들어야 할 절대적 필요가 있다. 이 필요를 충족시킬 수 있는 최선의 방법은 3부 모두를 국민이 직접 선출하는 인사들로 채우는 것이다.

그런데 여기에 문제가 있다. 입법부의 국회의원과 대통령은 국민이 직접 선출하는 방법보다 더 나은 방법이 없다는 데 이론(異論)이 없다. 하지만 사법부는 다르다. 만일 사법부의 구성원인 판사들을 국민이 선거로 뽑게 한다면, 큰 문제가 발생할 가능성이 매우 높다. 일반 국민이 판사들이 하는 일, 또 그런 일들을 하기 위해 판사들이 어떤 자격을 갖추어야 하는지 잘 알지 못할뿐더러, 충분한 법률적 지식과 자신의 양심에 따라 올바른 법률적 판단을 내릴 수 있는 사람을 선거를 통해 올바로 선출해 내리라고

오스트리아의 헌법재판소 재판관들.

보기 힘들기 때문이다.

　더 나아가 오로지 높은 법률적 식견과 판단 능력, 고매한 인격을 갖추고 있는지 아닌지가 아니라, 정치적 능력이나 대중적 인기 등이 판사를 선출하는 데 영향을 미친다면, 과연 이들로 구성되는 사법부가 사법부다울 것인가? 필경 지나치게 여론을 의식하거나 대중의 요구와 압력에 영합하여 정치적 판단을 내리는 기관이 되기 쉽지 않겠는가?

　이 이유 하나만으로도 '사법부는 선출되지 않은 권력'이라는 말은 정부의 구성원리에 대한 무지와 무식을 드러내는 말임을 쉽게 알 수 있다. '사법부는 선출되지 않은 권력'이라고 비하하는 사람들은 아마도 국민의 여론, 감정, 정서, 상식과 다소 거리가 있거나 동떨어져 보이는 사법부의 판결 사례들을 보면서 이런 생각을 하기 시작했을 것이다. 이들이 판사를 선거로 뽑아야 한다고 주장하지 않는 것을 보아도 이 점은 분명하다. 그러면 이들의 진의는 무엇일까? 간단히 말하면, 사법부 특히 대법원이나 헌법재판소의 판결에 국민 정서 등이 잘 반영될 수 있어야 한다는 것, 그리고 이를 위해서는 사법부, 특히 사법부의 중요 인사인 대법관이나 헌법재판관의 선임 과정이 지금과 같아서는 문제가 있다는 것 등일 것이다.

우선 이들의 주장이, 대통령 및 집권 정당과 정치색 혹은 정치 이념을 같이하는 인사들로 사법부가 구성되고 운영되어야 한다는 것이라면, 이런 주장은 단견 중 단견이다. 민주주의 국가에서 집권당은 주기적으로 교체되기 마련이다. 집권당이 교체될 때마다 사법부 인사를 교체하기로 한다면, 당장에는 선호하는 성향의 인사들이 사법부를 차지하겠지만, 정권이 바뀐 다음에는 혐오하고 인정하기 싫은 인사들이 사법부의 중요한 자리들을 차지하고 있지 않겠는가? 이것이 과연 이들이 진정으로 바라는 바일까? 가장 먼저 반대하고 나올 사람들이 바로 자기들 아닐까? 자기가 지지하는 정당의 영구 집권을 믿지 않는 한, 자기들의 주장이 장기적인 관점에서 보면 어리석은 주장임을 깨닫기는 그리 어렵지 않을 것이다.

다음으로 3권분립의 원리 차원에서 보자. 대부분의 민주주의 국가에서 최고 사법기관인 대법원과 헌법재판소의 구성 방식을 보면 꽤 복잡하지만 매우 정교하다. 대법관과 헌법재판관의 인사가 최대한 비정치적일 뿐 아니라, 당파성을 탈피할 수 있게끔 고려하고 있다. 이들은 국가수반인 대통령이 임명하되, 입법부의 추천이나 동의, 대법원장의 추천이나 동의를 얻도록 하고 있다. 입법부에는 대통령이 소속된 집권당 의원만 있는 것이 아니라 야당 의원들도 있다. 어느 당이든 절대적인 영향력을 행사하기 힘들다. 국회의 인사청문회도 쉽게 넘어가기 어려운 관문이다.

대법관과 헌법재판관의 추천은 ① 대통령이 추천하는 인사, ② 국회(국회의장)가 추천하는 인사, ③ 대법원장이 추천하는 인사로 나뉜다. 대법원과 헌법재판소의 구성은 한꺼번에 하는 것이 아니라, 대법원과 헌법재판소 정수의 약 3분의 1씩을 차례로 교체한다. 민주주의 국가의 권력 3부 중 사법부의 정치적 중립성 확보가 얼마나 중대한 의미를 지닌 사안인지를 잘 보여주는 장치들이다. 더 나아가 대법관과 헌법재판관의 임기는 6년으로서, 대통령이나 국회의원의 임기보다 길게 보장하고 있다. 미국은 종신제이다. 이처럼 이들의 신분을 강하게 보장하는 것은 이들이 정치적 영향을 받지 않도록, 독립적으로 판결할 수 있도록 하기 위해서다.

이런 다각적인 고려가 들어가 있는 것이 현재의 대법관 및 헌법재판관 인사제도이다. 오늘날 대부분의 민주주의 국가의 사법부 구성 방식은 상당히 유사하다. 이것은 오랜 세월을 두고 이 방식이 최선이라고 판단되었기 때문에 만들어진 사회적 진화의 산물로 보아야 할 것이다. 이 진화의 시발점은 3권분립의 정신을 명시적으로 헌법에 담은 미국의 전통에서 찾는 것이 옳을 것이다. 왜 미국 '건국의 아버지들'은 사법부를 '선출되지 않은 권력'으로 구성하였을까?

첫째, 입법부와 행정부에 더하여 사법부까지 직접적인 정치적 영향을 받도록 하면, 3권의 분립에 의한 상호 견제와 균형 메커니즘이 제대로 작동하지 않을 가능성이 높다고 보았기 때문이다. 둘째, 사법 업무에 종사하는 사람들은 매우 전문적인 법률 지식을 갖추어야 하고, 상당히 높은 식견을 갖지 않으면 쟁송 업무를 옳게 처리할 수 없다고 보았기 때문이다. 사실 법률 전문가들로 사법부를 구성하는 전통은 민주주의 시대가 도래하기 전부터 수립되어 있었다. 재판관은 물론이고 법정에서 원고가 되는 검사와 피고인을 도와주는 변호사는 일정한 시험을 통과한 자격자(변호사 자격) 또는 면허 소지자여야 했다. 일반 판사, 검사, 변호사도 이러할진대, 민주주의의 핵심인 법치주의의 보루로서 기능해야 하는 대법관이나 헌법재판관은 법률을 해석하는 안목에서나 역사의 흐름을 읽는 역량에서 탁월한 인사로 선발하여야 했을 것이다.

대법관이나 헌법재판관 등 사법부의 고위층 선발을 위해, 위에서 살펴본 바와 같이 매우 정교한 제도와 절차를 마련해 두고 있는 것은 이런 필요성 때문이었다. 물론 사법부의 이런 인사제도도 오랜 세월을 거치면서 다소간 변화하지 않은 것은 아니다. 그러나 만일 '선출되지 않은 권력'인 사법부가 법치주의를 지켜내는 역할을 성공적으로 수행하지 못했더라면, 지금과 같은 제도와 절차가 유지되고 있을 리 없다. 오늘날 거의 모든 민주주의 국가에서 사법부가 '선출되지 않은 권력'으로 채워지고 있는 것은 이 방식이 법치주의를 수호해 나가는 면에서 가장 높은 적합성을 시현해 왔음을 웅변한다.

민주주의의 정통성은 형식적인 국민주권주의의 표현으로 완성되는 것이 아니다. 그것은 실질적으로 국민을 주인으로 대접해주는 권력의 행사에서 찾아야 한다. 굳이 '선출되지 않은 권력'을 문제 삼기로 한다면, 내각책임제 정부의 수상(또는 총리)을 국민이 선출하지 않는 것은 어떻게 보아야 할까? 수상은 겨우 다수당 의원들에 의해 피선된 인사에 불과하지 않은가? 간접선거를 연루시킬 수 있지만, 어느 정도의 연결성이 있어야 정통성을 인정할 것인가에 대해 어떤 기준도 없기는 마찬가지다. 현실적으로 공권력을 보유하고 집행하는 수많은 공무원도 투표로 선출하지 않는다. 이들은 일정한 시험을 거치거나 특정 자격소지자 중에서 선발하고 있다. 이들은 세금을 징수하고, 강제 집행하는 등 무시할 수 없는 권력을 행사한다. 그래도 이들이 '선출되지 않은 권력'이라거나 민주적 정통성이 없는 권한을 행사한다고 항의하는 바보는 찾아보기 어렵다. 심지어 행정 각부의 장관들 역시 '선출되지 않은 권력'이라는 데서 대법관이나 헌법재판관과 하등 차이가 없다. 하지만 '선출되지 않은 권력'이라고 장관을 질타하는 사람도 본 적이 없다.

투표로 선출되지 않은 사람들로 구성되었음에도 불구하고, 사법부가 사법권이라는 민주적 권력기관으로 성공적으로 자리매김할 수 있었던 이유는 사법부의 독립성에서 찾아야 한다. 쉬운 말로 누구의 눈치도 보지 않고, 오직 법과 양심에 따라 재판할 수 있도록 헌법이 사법부에 독립성을 보장해 주었기 때문이다. 민주적인 정부들은 판사의 신분을 보장하고, 재판 과정에서 다른 권력기관의 영향력 행사를 차단하였다. 예를 들어 대통령이나 국회의원, 그리고 정보기관과 같은 권력기관의 은밀한 영향력 행사로부터 보호를 받았다.

민주주의에서 국가적 선택은, 큰 문제이거나 작은 문제이거나, 상호 영향을 주고받으면서 결정되는 것이 정상이다. 국민과 정부, 정부기관 상호간, 그리고 시대정신과 외국의 압력 등에서 자유로울 수 없다. 이처럼 다양한 영역과 요인의 영향을 받을 때 더 나은 선택이 만들어지는 것으로 본다. 이와는 대조적으로, 사법부의 판결에 미치는 외부의 영향은 차단해야 올곧은 판결을 내릴 수 있다.

사법적 판결은 국가의 적극적인 선택이 아니고 소극적인 선택이다. 쉽게 말해서, 국민 개인(또는 집단) 또는 검찰의 제소가 있는 구체적인 사안을 면밀히 검토해, 구체적인 증거와 증언을 바탕으로 권리를 확정하고 피해를 구제하며 정의를 세우는 일이 사법이다. 그러므로 어떤 경우에 어떤 이유로 처벌을 받거나 손해배상을 해야 하는지 등에 대하여 분명한 이유를 밝히지 않으면 안 된다. 그러나 판사들이 지극히 다양하고 기기묘묘한 사례들을 다루다 보면, 성심을 다할지라도 부분적으로 잘못된 판결을 내릴 수 있다. 또 판사도 인간인지라 개인적 신념이나 이념 성향 등에 따라서 의문을 품게 만드는 판결을 내릴 수도 있다. 이런 경우를 대비하여 패소자는 상급법원에 항소심을 청구할 수 있고, 대법원까지 상고할 수 있도록 항거권을 보장하는데, 이것이 (사법부의) 3심제도이다. 더 나아가 사법심사의 근간이 되는 법률에 문제가 있다고 판단될 때는 헌법재판소에 위헌심사를 청구할 수 있다. 다만 헌법재판소는 3심이 아니라 단심제도를 채택하고 있기 때문에 논란의 대상이 되기도 한다.

개인의 권리 확정이나 피해구제, 사법정의의 구현을 근간으로 삼는 사법심사는 얼핏 보기에 국가적 결정으로서는 사소한 선택이고 미약한 입김처럼 보일 수 있다. 물론 대통령 탄핵심판과 같이 국가적으로 엄청난 파문을 일으키는 판결도 있지만 보통의 재판은 그런 면이 많은 게 사실이다. 입법부가 법을 제정하거나 행정부에서 정책을 결정하는 일에 비하면, 무시해도 좋을 만큼 미미한 사안처럼 보일 수 있다. 그래서 이 작은 사법부의 선택들이 민주주의의 발전에 기여한 공로를 발견하기는 쉽지 않다. 그러나 독립적으로 기능하는 사법부의 기여를 결코 가볍게 보아서는 안 된다.

사법부의 판결을 통해서 시민들은 무엇이 왜 옳고, 어떤 것은 무슨 이유로 틀렸는가를 분명하게 배우게 된다. 말하자면 판결문 또는 판례들은 민주시민의 행동 규준, 특히 사회에서 지성을 갖추고 상식에 힘입어 문화시민으로 살아가려면, 최소한 어떤 기준을 지켜야 하는지 알게 해 준다. 사법부의 판례들이 쌓이면 그것이 다양한 분쟁을 다루어나가는 근간이 되고, 사회 전반의 분쟁과 논란을 줄이고 질서를 세우는 바탕이 만들어진다. 사법부는 이 점을 한시도 잊어서는 안 된다. 사법부가 흔들리면 민주주의가 망가지며 국가기강이 무너진다. 권력은 칼과 창과 돈에서만 나오지 않는다. 그것은 양심과 지성과 윤리에서 더 많이 나온다. 독립적으로 기능하는 사법부, 국민의 절대적 신뢰를 받는 사법부의 존재와 역할이 그 어느 때보다 강조되지 않을 수 없는 시대를 지금 우리는 살아가고 있다.

7. 행정 관료의 권력, 왜 끝없이 팽창하는가?

민주주의 국가의 역사를 보면 아주 뚜렷이 드러나는 경향이 한 가지 있다. 민주주의가 새로운 정치체제로 수립되기 시작한 19세기 초에는 '작은 정부가 좋은 정부'라는 인식이 매우 강했다. 정부의 기능과 규모를 가능한 한 작게 만들려고 노력하였다. 200년이 지난 지금은 어떤가? 거의 모든 민주주의 국가에서 정부의 규모는 확장에 확장을 거듭하고 있다. 특히 행정부의 팽창 속도가 엄청나게 빠르다. 입법부나 사법부와는 비교가 되지 않는다.

예를 들어 우리나라의 경우, 건국 초기는 차치하더라도 소위 개발연대에 들어선 1964년 초 입법부의 국회의원은 175명, 사법부의 법관은 350명이었다. 그들을 돕는 공무원의 수는 국회 사무처 634명, 법원 공무원 2,202명이었다. 반면에 행정부의 공무원 수는 국가직만 16,202명이었다. 54년이 지난 2018년 현재 입법부는 국회의원이 300명, 사무처 공무원이 5천 명 안팎이다. 사법부의 판사 정원은 3,138명, 그리고 법원 공무원은 1만 8천 명으로 늘어났다. 하지만 행정부는 국가직이 65만 7천 명(지방직 34만 9천 명, 총계 100만 6천 명)으로 무려 40배 이상 증가하였다. 행정부 관료의 이러한 급증 추세는 우리나라만이 아니라, 민주주의 선진국인 미국이나 영국, 그리고 2차대전 이후 민주주의를 받아들인 독일이나 일본 등 거의 모든 나라가 공통이다.

이런 외형적인 정부 규모의 팽창도 팽창이지만, 기능이나 활동 면에서의 변화는 더 크고 놀랍다. 입법부나 사법부의 기능과 역할은 과거나 오늘이나 크게 다르지 않다. 하지만 행정부의 기능과 역할의 폭과 깊이는 말할 수 없이 넓어지고 깊어졌다. 국민의 생활 속에 행정부의 눈과 손이 침투하지 않고 미치지 않는 영역이 어딜까 싶을 정도가 되었다.

전제군주의 폭정에서 벗어나는 것을 최우선 목표로 삼던 민주주의 도입 초기, 정부는 가능한 한 '법과 질서'를 유지하는 일만 담당하도록 해야 한다는 생각과 믿음이 강했다. 이제 그런 생각은 호랑이가 담배 피우던 시절의 이야기가 되었다. 특히 20세기 후반부 들어 행정부가 정부 활동의 중심부를 차지하는 현상이 두드러진다. 정부 관료제가 입법과 사법을 압도할 정도가 되자, '행정국가'(admistrative state)라는 개념이 등장하기도 하였다.

이와 같이 행정부의 힘과 세력이 매우 커지자, 민주주의의 근간 원리인 3권분립을 통한 견제와 균형이 무너지고 있는 것은 아닌지, 앞으로 더욱 그렇게 될 가능성은 없는지, 걱정하지 않을 수 없는 지경이 되었다. 독재를 막는 제도적 장치로서 3권분립을 통한 견제와 균형만큼 강력한 원리가 없다고 볼 때, 사법부나 입법부도 행정부만한 세력과 권력을 갖고 있어야 하는 것은 아닐까?

세월이 흐르면서 견제와 균형은 세력과 권력의 크기를 다투던 데서 각각의 기능과 역할을 명확히 분리하고 분담을 통해서 달성하는 방법으로 진화하였다. 입법부에서 제정한 법률은 행정부의 활동을 규정하고, 행정부의 대부분 업무는 이들 법률이 규정한 선과 범위 안에서 수행된다. 또 행정부의 활동 중에서 불법부당한 것은 사법부의 심사대상이 된다. 이렇게 볼 때, 세력과 권력의 크기로 보면 행정부에 비해 왜소해 보이지만, 입법부와 사법부가 3권분립의 원리에 의거한 견제와 균형을 유지하는 데 실패했다고 말하기는 어렵다.

행정부의 팽창은 행정부가 독주한 결과라고는 말할 수 없다. 궁극적으로 입법부에서 법을 제정해 주고 예산을 승인해 주어서, 또 사법부의 법률 심사에 저촉되지 않는 범위 내에서 행정부의 팽창이 이루어지고 가능해졌다. 다시 말하면 행정부의 권력이 커진 데는 입법부와 사법부의 협력이 있었다고 보는 게 맞다는 것이다. 왜 입법부와 사법부는 행정부의 팽창을 바라만 보거나 심지어 거들고 있는 것일까?

관료제의 개념을 정립한 막스 베버(오른쪽)와 소설 〈심판〉을 통해 관료주의를 비판한 프란츠 카프카의 이미지를 합성해 관료주의를 풍자한 일러스트레이션.

첫째, 민주주의의 성공이 정부에 대한 국민의 기대를 상승시키고 정부 역할의 지속적 확대를 초래하였다. 독재의 억압에서 벗어나려고 만든 정부체제가 민주주의인데, 이제 독재는 크게 걱정하지 않아도 될 뿐 아니라, 정부가 국민의 삶의 개선과 공익 증진에 더 크게 기여할 수 있다고 믿게 되었다. 한마디로 말해 정부에 대한 국민의 기대 변화가 정부 역할의 지속적 확대의 근본원인이 되고 있다. 이는 민주주의 역사에서 보이는 자연스러운 진화의 결과라고 말할 수 있다.

둘째, 기술적인 이유이다. 민주주의 국가들은 산업혁명과 더불어 급격한 사회적 변화를 경험하였다. 산업화는 거의 필연적으로 도시화를 불러왔고, 교통과 통신의 발달은 정부의 새로운 활동을 당연하게 받아들이도록 만들었다. 교통과 통신 체계의 유지와 발전을 위한 정부의 역할이 커졌다. 도시화는 주택 문제, 수도 문제, 위생 문제, 쓰레기 문제 등등 다양한 문제를 만들어낸다. 이런 문제들의 대부분이 시장에만 일임할 수 없는 공공의 문제로 크게 대두하였다.

문제의 해결 방안과 원칙은 입법부가 제정하는 법률에서 대강이 정해지지만, 이런 일들의 실행을 위해서는 조직이 필요하고 많은 인원이 필요하다. 더구나 새롭게 등장하는 일들은 대부분 전문지식을 갖추어야 해결할 수 있는 일들이다. 예를 들어 위생 문제를 의학 지식과 방역 지식이 없이 해결하려고 덤빈다면, 어떤 결과가 나타날지는 누구나 쉽게 예상할 수 있다. 이런 이유로 전문지식을 갖춘 인재들이 체계적으로 일할 수 있는 정부 관료제의 성장과 팽창은 불가피한 추세가 되었다.

셋째, 사회적 역학관계의 변화이다. 민주주의 초기에는 산업이 별로 발전하지 못했다. 민주주의의 필연적 결과라고 단언하기는 어렵지만, 대부분의 민주주의 국가에서 산업이 발전하고 경제가 급격하게 성장하였다. 세월이 가면서 국민의 삶의 양상에 변화가 생겼다.

산업의 발전이나 경제의 성장을 위해 정부가 직접적인 활동을 수행해야만 하는 영역은 그리 크지 않을지라도, 항만과 도로와 공항의 개설 등 사회간접자본을 확충하여 경제발전의 여건을 조성하는 일이나, 경제활동에 원만한 수준의 질서가 유지될 수 있도록 하기 위한 규제 업무의 영역이 빠르게 커졌다. 경제발전 과정에서 부수적으로 나타난 부익부 빈익빈 현상이나 분배의 불평등 문제를 해결하고, 자연환경의 파괴를 막으며, 공해를 방지하는 등의 일도 정부의 몫이 되었다. 최근 IT(정보통신) 혁명 시대의 도래와 함께 과거에는 상상도 할 수 없었던 새로운 문제들, 예컨대 개인정보의 불법 유출, 해킹, 보이스피싱 등에도 정부가 나서지 않을 수 없게 되었다.

넷째, 관리기술 역량이 변화하였다. 아무리 사회경제가 변화하고 정부에 대한 역할 기대가 크더라도, 새롭게 맡겨진 일들을 행정부가 효과적으로 수행해 내지 못하면, 쉽게 말해 새롭게 담당한 기능을 수행하는 데 실패를 거듭하였다면, 기능 확장은 계속되지 않았을 것이다. 작은 실패가 없지 않았고, 소수 관료의 부패가 나타나기도 하였지만, 전반적으로 볼 때 대부분의 민주주의 국가에서 행정부 기능은 비교적 성공적으로 수행되었다. 관료제의 조직 및 관리 기술의 발전이 이런 성공을 뒷받침한 것은 물론이다.

민주주의 국가에서 산업이 발전하고 정부 기능이 확장되면서 대규모 조직을 성공적으로 운영하는 일이 아주 중요한 과제가 되자, 20세기 초부터 행정학이나 경영학과 같은 조직관리 학문이 크게 발전하였다. 이런 학문에서 조직구조이론, 인사관리, 재무관리, 공공관리 등등 다양한 관리 이론들이 개발되고 현실 관료제 조직에 적용되었다. 성공적인 이론은 살아남고 실패한 이론은 배제되면서, 관리기술 역량이 확장되었다. 새롭게 맡겨진 일들이 성공적이기 때문에, 정부의 기능 확장에 대한 반대의견이나 역풍도 별로 없었다고 말할 수 있다.

다섯째, 민주정부의 관료제가 성장하게 된 배경에는 정치적 계산과 판단이 작용하였다. 입법부는 한마디로 정치인 집단이다. 국회의원들은 선거구민의 투표와 지지로 자리를 유지하고, 임기가 끝나면 재신임을 받아야 하는 사람들이다. 그들은 선거구민의 인기에 힘입어 선출되었지, 전문지식 때문에 선출되지 않았다. 국민의 지지를 얻기 위해서는 여론의 변화에 민감할 수밖에 없다. 그런데 여론의 요구와 압력은 늘 변화하고 종잡기 힘들다. 사회경제의 변화를 읽고 여론의 추이에 따라 새로운 법률을 제정하거나 개정하려 하지만, 그 자체가 대단히 전문적이고 복잡하기가 짝이 없는 일들이다. 여론이 여러 갈래로 나누어지듯이, 입법부 내에서도 의견의 합치를 쉽사리 보기 어렵게 되었다.

의원들의 입장이 저마다 갈리는 속에서 동의를 쉽게 구하는 방법은 모호하고 추상적인 개념을 써가며 법률 규정을 두루뭉술하게 만드는 것 외에 달리 없다. 법률의 내용을 좀 더 구체적으로 만들려고 하면 할수록 합의는 멀어지고, 설사 그런 법률이 제정되어도 다양한 집단의 불만을 사거나 저항을 받기 쉽다. 왜냐하면 각자의 입장이 다르므로 어느 한 편에는 유리한 내용이 다른 편에게는 불리할 수 있기 때문이다. 이런 사실을 잘 아는 입법부는 그래서 모호하고 추상적인 표현을 빌려서 법을 제정하는 게 상책이다. 이로써 국회가 국민이 원하는 일들을 열심히 하고 있다는 생색을 낼 수 있고, 개개 법률 규정의 추상성이나 모호성으로 인해 발생할 수밖에 없는 궂은일과 책임질 일은 행정부에 선심 쓰듯 넘겨주면 그만이기 때문이다.

그 결과 추상적이고 모호한 규정을 해석하여 현실에 적합하게 꾸려나가는 일은 언제나 행정부 관료들의 몫이 된다. 이런 관행이 이어지고 쌓이다 보니, 행정부 관료에게 실질적 권한이 상당 부분 넘어가고, 관료제 기구는 확장을 계속해 오게 된 것이다. 행정부와 행정 관료에게 실질적 권한이 넘어가는 속도와 범위는 실로 놀라울 정도다. 세상은 계속 변화하고 있고, 기술발전의 속도는 머리가 어지러울 지경이다. 50년 전만 해도 출산율을 낮추기 위해 정부가 앞장서서 가족계획 운동을 대대적으로 전개하였는데 이제는 저출산이 크나큰 정책문제가 되고 말았다. 인구구조에서도 고령화가 아주 빠르게 진행되어 노령인구의 복지가 초미의 정책문제가 되었다. 세계화와 국제화는 이제 지구촌이라는 어휘가 어울릴 정도로 새로운 삶의 방식으로 전개되고 있다. 다른 나라에 뒤처지지 않으려는 국가적 노력이 어느 때보다 치열하다. 이런 변화들 역시 정부가 해결해 주어야 할 문제를 증가시키고, 그로 인해 행정 관료제가 담당해야 할 몫은 날로 늘어가고 있는 것이다.

문제는 이렇게 정부의 역할이 커지고 행정 관료의 권한이 늘어가는 과정에서, 국민 개개인의 자유와 권리는 침해의 소지가 커지고 있다는 사실이다. 국민의 자유와 권리가 얼마나 법의 보호를 잘 받는지는 국가마다의 민주주의 제도 운용, '법의 지배,' 행정의 민주화와 선진화 수준을 가늠하는 척도가 되고 있다. 행정부의 권한 남용의 여지를 줄이기 위해서는 입법부와 사법부의 기능이 강화되고 바로 설 수 있도록 해야 하는 것은 물론이지만, 국가의 적정한 역할 범위에 대한 국민의 올바른 인식이 시급하다. 복지국가(제13장) 지향성이 강화되고, 포퓰리즘(제14장)이 기승을 부리는 시대일수록 '국민을 위한다는 명분' 아래 이뤄지는 정부의 역할 범위의 확대와 개입 수준의 심화에 대하여 국민은 경각심을 가져야 한다. 어디까지가 각자가 책임져야 할 부분이고, 어디까지가 국가에 맡겨도 좋은 부분인지를 구분할 줄 알아야 한다. 국가는 시혜(施惠)하는 존재가 아니라 국민이 위임한 권력을 행사하는 존재라는 사실을 한시라도 잊어서는 안 된다. 민주주의의 마지막 보루는 '깨어 있는 국민'이다.

8. 민주주의와 언론: 역할과 책임

민주주의에서 언론의 역할은 지대하다. 먼저 언론이 없거나 언론의 기능이 미미하다면 정부의 정책, 의회의 법안, 국제 동향 등 정치, 경제, 사회, 문화 모든 면에서 일어나는 일들을 국민이 알 도리가 없고, 그러면 국민은 민주국가의 주권자인 시민으로서 또 투표자로서 자기 권리를 올바로 행사하기 어렵게 된다. 언론이 이 기본적인 역할을 잘 수행하기 위해서는 언론의 자유, 출판 및 보도의 자유가 최대한 보장되어야 한다. 무엇보다도 정보에 대한 접근이 자유로워야 하고, 언론 자유의 제한에 대한 합리적이고 보편적인 근거, 즉 ① 국가 기밀이나 군사 작전을 위태롭게 하는 보도, ② 공공 안전을 위협하거나 폭력적인 행위를 선동하는 표현, ③ 사회적으로 수용될 수 없는 수준의 음란물, ④ 허위사실 유포를 통한 개인이나 단체의 명예훼손 등 극히 예외적인 경우를 제외하고는 제한을 받지 않아야 한다.

동시에 민주사회에서 언론은 국민 개개인과 집단의 다양한 의견과 입장이 제시되어 논의와 논쟁이 활발하게 이루어지도록 만드는 주요 통로이자 공론장으로서 기능한다. 언로(言路)가 막히면 여론이나 공론이라는 게 만들어지기 어렵다. 시민들은 언론 보도를 통해 중요한 국가정책이나 사회 문제들에 관심을 기울이고, 서로 다른 입장의 존재를 확인하며, 논쟁의 요점이 무엇인지 균형감 있게 파악해 자신의 의견을 형성하게 된다. 언론이 국민 개개인이 자신의 입장을 형성하도록 돕기 위해 소외된 목소리에 귀를 기울이고 사회적 약자의 의견을 대변하기도 하면서 사회가 간과하는 문제를 제기해야 하는 것은 이 때문이다.

그러나 민주국가에서 언론의 막중한 역할과 기능은 국가권력에 대한 가장 강한 비판자, 감시자, 견제자가 언론이라는 사실에서 찾아야 할 것이다. 국가기관의 불법 불의한 일에 대한 언론의 (폭로) 보도가 없다면 국가권력은 오용되거나 남용되기 쉽다. 언론의 감시 기능이 제대로 작동하지 않는다면 공직자의 부패와 불법, 국가권력의 횡포는 더 성행할 수밖에 없고, 국민의 자유와 권리 침해는 더 커질 수밖에 없다. 언론이 권력에 대한 비판자, 감시자, 견제자로 기능한다는 사실은 국가권력의 최우선적 탄압, 포섭, 회유, 또는 길들이기 대상이 될 수 있음을 뜻한다. 이런 면에서 언론의 자유 보장은 민주주의 체제 유지의 최대 관건이라고 해도 과언이 아니다.

이처럼 막중한 언론의 기능을 생각할 때 민주국가에서 언론의 자유 보장과 그 중요성은 아무리 강조해도 지나치지 않지만, 언론의 자유에 따르는 언론의 책임 역시 무한히 크고 무겁다. 언론의 생명은 공정성과 객관성이다. 언론은 사실을 편향되게 보도함으로써 여론을 왜곡해서는 안 된다. 정치적, 경제적 이해관계에 따라 언론이 특정 관점을 옹호하는 편에 서거나, 다른 관점의 존재를 의도적으로 무시하고 배제한다면, 시민의 의사결정에 막대한 지장을 초래하고 여론을 오도할 수 있다. 시민 스스로 나서서 정확한 정보를 얻기 위해 노력하거나 보도 내용의 진위를 따져 보려고 서로 다른 입장을 제시하는 여러 언론사의 보도를 섭렵해 주기를 바랄 수는 없는 일이다. 그러므로 언론매체들의 공정성이 흐트러지고 언론에 대한 국민의 신뢰가 약화되면 언론은 공론 형성의 매개체가 되기는커녕 사회분열을 촉발하는 도화선이 되기 쉽다.

물론 언론매체마다 서로 다른, 독자적인 정치적 입장을 가질 수 있다. 그것도 언론의 자유의 일부분이다. 그러나 언론사가 특정의 정치적 입장을 가지려 한다면 이를 명시적으로 표명해야 한다. 이런 언론사의 독자가 될지 말지는 시민 각자의 판단과 선택에 속하므로 문제 삼을 수 없다. 그러나 공정성을 표방하면서 은밀하게 특정 정치세력과 그들의 입장을 지지하거나 옹호 또는 비호하는 등으로 시민의 눈을 호도한다면 문제가 심각해진다.

이 경우 가짜 뉴스와 보도를 통한 여론 조작이 일상화되기 쉽다.

공정성과 객관성의 허울을 쓰고서 여론을 조작하려 한다면 이는 명백하게 민주주의의 가장 중요한 기반인 시민 각자의 독립적인 의견 형성을 직접적으로 방해하는 일이다.『동의 조작하기: 매스 미디어의 정치경제』(*Manufacturing Consent: The Political Economy of Mass Media*)라는 책에서 현대 언론의 역할을 예리하게 분석한 에드워드 허먼(Edward S. Herman)과 노암 촘스키(Noam Chomsky)에 의하면, 언론이 독립적이고 객관적인 정보 제공자가 아니라 오히려 지배세력의 이익을 강화하는 도구로 작동하는 경우가 많은데, 이는 보편적으로 언론사의 소유구조, 광고 의존성, 뉴스 소스(news source)의 편중성, 독자들의 비난과 반발에 대한 굴복 등에 기인한다고 한다.

어떤 이유에서든 거짓 뉴스나 조작된 사실이 유포될 때 민주주의가 큰 위험에 처하게 되는 것은 두말할 필요가 없다. 그런데 참으로 불행하게도, 현대 사회의 시민들은 대부분 이러한 상황에 노출되어 있다. 디지털 미디어의 발전으로 가짜 뉴스와 허위 정보가 빠르게 확산할 수 있는 환경이 조성되어 있기 때문이다. 왜곡된 정보로 인해 사회적 혼란이 야기되고 시민들의 생각이 이리저리 휩쓸리며 사회갈등과 상호불신이 깊어지는 것은 오늘날 거의 모든 민주국가에서 흔히 볼 수 있는 일이며, 민주주의 체제를 위협하는 최대 요인으로 지목되는 지경이다. 때로는 자극적이고 선정적인

워싱턴DC에 자리한 언론박물관 Newseum의 신문 첫 페이지 코너. 전 세계 80여 개 신문이 매일 전시된다.

보도를 통해 관심을 끌고 구독률이나 시청률을 높이려는 경향을 보임으로써 불필요한 사회, 정치, 종교, 인종 갈등을 부추기기도 한다. 특정 집단이나 이념을 악마화하면서 혐오와 적대감을 불러일으키고, 범죄나 재난을 지나치게 과장 보도한다거나 특정 집단의 책임으로 몰아가 여론을 비등케 함으로써 정부가 급격하고 과도하게 대응하도록 만들기도 한다.

디지털 시대가 되어 특히 문제가 되는 것은 디지털 미디어와 소셜 네트워크의 발달로 인해 야기되는 가짜 뉴스의 범람 현상이다. 정보의 진위와 상관없이 빠르게 공유되고 확산하는 구조를 가진 SNS(소셜 네트워크 서비스)는 짧고 자극적인 정보가 더 많은 관심을 끌도록 설계되어 있어, 가짜 뉴스와 허위 정보를 퍼트리는 가공스러운 수단이 되었다. 소셜 미디어는 알고리즘을 통해 사용자들이 관심을 가질 만한 정보를 추천하는 방식으로 운영되므로, 사용자들은 자신의 입맛에 맞는 뉴스만 골라 보고 들어 에코 챔버(echo chamber: 메아리 방)에 갇혀 버리게 된다. 자연히 자신이 이미 믿고 있는 바와 일치하는 정보만 선택적으로 받아들이며 편견과 선입견을 강화해 가는 확증 편향(confirmation bias) 증상에 빠지기 쉽다. 오늘날 민주주의 사회가 분열의 소용돌이 속으로 쉽게 빠져들어가는 배경에는 순식간에 널리 퍼지는 편파적인 정보, 허위 정보의 탓이 크다고 말해도 과언이 아니다.

더 심각한 문제는 언론매체들이 디지털 시대의 이런 위험성을 제대로 걸러내지 못하고 있다는 사실이다. 오히려 언론매체조차 이런 시대의 추세를 추종하거나 아예 편승하려는 경향마저 보인다. 트위터를 비롯한 SNS 같은 매체가 오늘날의 언론을 이끈다고 말할 정도의 상황이 되면서, 언론 '행동주의'와 소셜 미디어의 역학(dynamics)이 서로를 강화하고 있기 때문이다. 쉽게 말해 언론의 소비자가 개개 언론매체의 보도 내용이나 의견에 지나칠 정도로 간섭—예컨대 구독 취소 위협을 가하면서—함으로써 언론의 자유 영역을 침범하는 세상, 그 결과 자율적이고 독립적이어야 할 언론매체들이 독자나 시청자의 눈치를 과도하게 살피는 세상이

된 것이다. 무엇보다 중시되어야 할 언론의 정치적 독립성이 이제 이상(理想)이기보다 '정치의식의 부족'으로 평가받고 외면당하는 실정이니 오늘날의 언론 환경은 더할 수 없이 열악해지고 있다.

언론의 편파성은 사실 보도보다도 신문 사설이나 칼럼, 방송 뉴스 앵커의 '한마디' 등에서 가장 잘 드러난다. 이것은 아마도 언론이 갖고 있는 공정성 플러스(fairness plus) 강박관념의 표현인지 모른다. 사실 보도와 정확한 정보의 제공은 물론이고, 언론 소비자의 비판적 시각 형성에 무언가 도움을 주어야 한다는 일종의 고정관념 말이다. 신문 사설이나 칼럼, 방송뉴스 앵커의 '한마디' 등을 통해 유포되는 내용들은 양날의 칼과 같다. 한편으로는 독자나 시청자의 비판적 사고 및 시각의 형성에 도움을 주기도 하지만, 다른 한편으로는 특정 이념의 주입과 확산이 이루어지는 주요 통로가 된다. 언론 소비자의 매체 선택은 이것들에 좌우되고, 그래서 각종 언론매체가 제시하는 '의견 스펙트럼'(opinion spectrum)은 점점 좁아지고 있는 형국이다.

언론의 공정성과 객관성은 과연 누가 무엇을 기준 삼아 평가해야 할까? 우선은 언론계의 경쟁 양태를 보아야 할 것이다. 신문과 방송은 물론, 뉴스 유튜버 간의 경쟁 관계가 얼마나 치열하고 어떤 양상을 띠고 있느냐가 중요하다는 말이다. 다양한 언론매체 간의 경쟁이 치열하다면 언론이 자체적으로 갖추고 있는 자정(自淨) 기능을 어느 정도 기대해 볼 수 있다. 다시 말해 한 매체가 퍼뜨리는 가짜 뉴스, 허위 보도, 편향성을 다른 매체가 나서서 바로잡을 수 있다. 이런 일은 매체 간의 경쟁이 치열하지 않으면 잘 일어나지 않는다.

다음으로 매체 간의 경쟁이 아무리 치열할지라도 무엇을 두고 경쟁하느냐에 따라 결과는 달라진다. 만일 뉴스와 보도, 그리고 분석의 정확성, 공정성, 객관성을 기준으로 경쟁이 이루어진다면 바람직스러운 일이나, 그게 아니라 소비자(구독자와 시청자)나 동조자 확보 경쟁에 치우치고 있다면 언론의 공정성과 객관성은 의심을 받을 수밖에 없다. 또 언론계가 공동으로 숨기고 싶어하거나 일관되게 편향성을 보이는 주제들이 있다면 그에 대해서는 관련 학계가 나서서 여론을 환기해야 할 것이다. 물론 이조차 언론이라는 통로를 통하지 않고는 큰 효과를 내기 어려우니 뾰족한 방법이 되긴 어렵다.

이런 의미에서 언론의 공정성과 객관성을 판단하고 평가하는 궁극적 기준은 그 나라 국민의 민주주의 의식 및 지적 수준에 달려 있다고 말할 수밖에 없다. "시민의 의식 수준이 정치의 수준을 결정한다."는 말이 있지만, 디지털 시대가 되면서 "시민의 의식이 언론의 (공정성과 객관성) 수준을 결정한다."는 말이 성립할 정도가 되었다. '깨어 있는 시민'이 많아져야 언론의 독립성, 공정성도 담보될 수 있다.

민주사회에서 공공의 토론과 논쟁이 점점 더 '디지털 필터 버블'(digital

filter bubble) 안에서 벌어지고 있는 것은 우리 시대가 당면한 중대한 문제 가운데 하나이다. 쉽게 말해 정보의 사용자가 선호하는 콘텐츠를 분석하고 이에 맞춰 더 많은 유사 콘텐츠를 추천하여 사용자들이 특정 정보만을 접하도록 만드는 바람직하지 못한 정보의 취사선택 방식이 지배적이 되면서 공공의 토론과 논쟁이 왜곡 편향된 방향으로 나갈 가능성은 날로 커지고 있다.

이런 면에서 오늘날 사실과 거짓을 혹은 사실과 음모론을 분리할 뿐 아니라, 열띤 논쟁을 조직화하여 사회분열을 막는 일에 앞장서는 언론, 이념과 사상, 정당과 정치인, 사회에 널리 퍼져 있는 도그마(dogma) 등에 대한 비판적 거리두기를 하는 언론, 다시 말해 자기들이 옳다고 믿는 의견과 함께 다른 의견, 반대의견도 비중 있게 다룸으로써 시민의 비판적 사고를 돕는 언론의 존재가 절실하기 그지없다.

물론 언론매체들이 너무 편파적이어서 사회가 갈라지는지, 아니면 사회가 갈라지고 있어서 이들이 따라서 편파적일 수밖에 없게 되어 가는 것인지 분간하기 어려운 세상이지만, 오늘날 언론의 독립성, 공정성, 객관성의 약화가 민주주의 위기의 한복판에 자리 잡고 있음은 분명하다. 이런 면에서 언론의 독립성, 공정성, 객관성 제고를 위한 법적, 제도적 장치의 마련도 중요하지만, 언론인들 스스로 먼저 공정성 원칙을 준수하면서, 자신들의 보도가 객관성을 유지할 수 있는 내외적 견제와 균형 시스템을 갖추고 언론 윤리를 지키는 노력이 절실하다.

 이와 함께 혼탁해질 대로 혼탁해진 오늘날의 언론 환경을 고려할 때 언론 보도를 비판적으로 보고 비판적으로 수용하는 민주시민의 자세, 또 정보가 단순히 '사실'로서 존재하는 것이 아니라, 특정한 이해관계에 따라 만들어진 것이라는 점을 인식해 비판적으로 사고하고 행동할 줄 아는 시민층의 형성도 시급한 과제다. 이런 면에서 문맹퇴치운동을 벌이듯이, 시민들이 가짜 뉴스의 위험성을 인식하고, 뉴스와 정보의 출처, 보도 방식, 그 보도가 갖는 정치적, 경제적 맥락, 정보출처의 신뢰성 등을 판단할 수 있도록 돕는 미디어 리터러시(media literacy) 교육의 중요성이 커지고 있다.

9. '정치적 올바름'은 올바른 주장인가?

'정치적 올바름'(political correctness: PC)이란 용어만큼 복잡하고 논란이 많은 용어는 찾기 힘들다. '정치적 올바름'의 사전적 의미는 "다른 사람에게 공격적일 수 있는―특히 성별이나 인종과 관련한―언어와 행동을 피하는 행위"(Cambridge 사전), 또는 "성별이나 인종 문제와 같이 정치적 감수성을 불쾌하게 할 수 있는 언어와 관행은 제거되어야 한다는 믿음에 따르는 것"(Merriam-Webster 사전)이다. 이런 정의에서 공통분모는 남이 듣기 싫어하는 말이나 표현, 특히 차별적인 말이나 표현은 사용하면 안 된다는 것이다. 이것은 상식 중 상식이고, 그 자체로 올바른 일이다.

그런데 왜 이 용어에는 '정치적'이라는 수식어가 붙어 다니는 것일까? 차별적인 표현을 써서는 안 되는 이유가 '정치적' 이유이기 때문이다. 다시 말하면 종래 차별적인 표현이라고 간주하지 않았던 어떤 표현이 어느 날, 어떤 사람의 문제제기로 인해 차별에 속하는지 아닌지가 사회적 논란의 대상이 되기 시작하였는데, 그 표현을 명백히 차별이라고 인정하는 (혹은 적극적으로 부정하지 않는) 쪽을 '정치적으로 올바른' 쪽, 더 직접적으로 표현한다면, '정치적으로 올바른 쪽'을 선택(혹은 추종)한 쪽임을 의미하는 말로 '정치적 올바름'이란 용어가 널리 사용되기에 이른 것이다. 여기서 알 수 있듯이, '정치적 올바름'이란 용어에서 '정치적'이라는 말은 말 그대로 정치적이라는 말이 아니라, 그런 일로 인해 '굳이 시비에 휘말리고 싶지 않아 논란 자체를 회피하는 사람들의 태도' 정도를 뜻하는 말이다. 예를 들면 크리스천은 대체로 인간의 성(sex)은, 성경에 있는 대로, 남성과 여성 2가지뿐이라고 믿고 어떤 다른 성(중간)도 인정하지 않겠다는 태도를 보이는데, 이는 '정치적으로 올바르지 않은' 태도이다. 왜냐하면 중간의 여러 종류의 성―소위 성소수자(LGBT; 레스비언, 게이, 양성애자, 트랜스젠더 등)―을 적극적으로 인정하고 또 그래야만 한다는 사람들로부터의 비난과 공격을 자초하는 사람이 되는 세상이 되어 있기 때문이다.

최근 들어 민주주의 사회에 등장한 PC운동이 일으키는 문제는 한둘이 아니다. 여기에서 우리의 주된 관심은 'PC가 민주주의의 어떤 원리에 위반되고 어떤 영향을 미치고 있는지?'라고 할 수 있는데, 이에 대한 결론을 내리기 전에 PC가 일으키고 있는 일들과 그 파장에 대해 주의 깊게 살펴볼 필요가 있다. 우선 어떤 표현이 차별인지 아닌지는 일차적으로 '누구의 판단인가?'가 문제가 된다. PC주의자들은 언어 사용이나 행동의 공격성 내지는 불쾌함을 판단하는 주체는 듣는 사람 또는 행동의 상대방이라고 말한다. 왜냐하면 이들은 역사적으로 차별을 받아온 피해자로서 '혐오 표현'으로부터 보호받아야 할 대상이기 때문이라는 것이다. 오늘날 미국에서는 PC주의자를 WOKE('깨어 있는 사람들'이라는 뜻)라고 호칭하는데, 이들은 PC운동의 교과서 격인 책, 『상처 주는 말 이해하기』(Understanding Words that Wound)에서, 모든 사람이 '혐오 표현'으로부터 보호받는 것이 아니라 역사적으로 억압된 집단만 보호 대상이라고 명확히 밝히고 있다. 그런데 말하는 사람의 (진정한) 의도를 고려하지 않고, 듣는 사람이 주관적으로 어떤 표현이 차별적이고 공격적인지 아닌지를 판단하는 것은 매우 위험한 일이 아닌가? 왜냐하면 의도 확대의 오류, 허수아비 논증, 무지에서 비롯되는 실수의 불인정 등은 당사자의 의도를 임의로 추론하는 것이기 때문이다. 최근 WOKE가 주장하는 '미세 공격'(micro aggression) 개념은 의도와 상관없이 듣는 사람에게 공격적일 수 있는 모든 표현을 포괄한다. 예컨대 외국인에게 "한글이 정말 유창하시군요!," "어느 나라에서 오셨어요?"라고 말하면 이는 외국인에 대한 차별이라고 한다. 설령 외국인을 차별할 의도가 없더라도, 또 듣는 사람이 실제로 불쾌하게 여기지 않더라도 이런 표현은 '정치적으로 올바르지 않다.'는 것이다.

'미세 공격'은 상대방을 세심하게 배려하자는 제안일 수 있으나, 실제 '자기검열'과 다르지 않다. 발언자의 의도를 고려하지 않으면 언제 의도가 왜곡될지 몰라 '침묵'하는 것이 가장 안전한 해결책이 되는 게 요즘 세상이기 때문이다. 예를 들면 '중대재해처벌법'이나 '차별금지법'을 비판하는 사람들은 반대 이유가 무엇이든지 간에 '피해자들'을 보호하는 법에 반대한다는 이유로 '정치적으로 올바르지 못하게' 되어버리는 세상으로 가고 있는 것이다. '중대재해처벌법'에 반대하는 사람은 피도 눈물도 없는 기득권이 되고, '차별금지법'에 반대하는 사람은 어느샌가 약자의 아픔에 공감하지 못하는 냉혈한이 되고 마는 세상이라니! 심지어 어떤 경우는 '침묵'하는 것만으로 충분하지 않을 때도 있다. 예를 들면 WOKE는 미투(me too)운동에 대해서 유보적인 태도를 보였던 사람들을 '지금까지의 폭력적인 사회구조를 승인하는 또 다른 가해자'로 취급해야 한다고 주장하니 말이다.

민주주의 사회에서 자유로운 의견의 제시와 토론은 사회발전의 원동력이다. 그러나 PC주의자들이 주장하는 잠재적 가해자 대 피해자의 이분법은 자유로운 토론과 비판의 자유를 지나치게 침해한다. 그리고 다수와 소수의 갈등을 불필요하게 조장하고 사회를 분열시킨다. 민주주의가 매우 중시하는 사상과 표현의 자유는 '외치는 것 말고는 자신을 방어할 수단이 없는 사람들의 유일한 무기'였다는 사실을 상기한다면, PC주의자들이 강요하는 침묵의 사회적 비용은 너무나 크다.

일반적으로 개인적 경험보다는 집단으로서의 정체성에 초점을 맞추는 PC주의자들은 인종, 민족, 성별, 성적 지향, 종교와 같은 집단적 특성으로 정의되는 정치세력 간의 연대를 통해 사회적 억압을 극복해 나가자고 주장한다. 소위 '정체성 정치'(identity politics)의 핵심이 이것이다. 타협할 수도, 조정할 수도 없는 정체성에 초점을 맞추면 필연적으로 사회분열이 심화할 수밖에 없고, 오히려 소수에 대한 부정적인 이미지만 영속화할 위험이 있다. 이처럼 '갈라치기'로 인해 분열된 사회에서는 '깨어 있는' 사람들이 바라 마지않는 사회규범 차원의 변화는 더욱 이루어내기 어려워진다.

'깨어 있는' 사람들이 오로지 '과거 차별의 역전'에만 주목하고 현재의 차별이나 미래의 차별에는 큰 관심을 두지 않는다는 점도 문제이다. PC운동은 DEI, 즉 조직 내의 다양성(Diversity), 형평성(Equity), 포용성(Inclusion)을 증진하여 소수자와 다수자 간의 화합을 촉진하고, 모든 구성원이 공정하게 대우받는 포용적 환경을 조성하는 것을 목표로 삼고 있다. 하지만 DEI는 다른 고상한 목표들이 그랬던 것처럼, 많은 문제점을 내포하고 있다. 무엇보다도 DEI는 '같은 것을 같게, 다른 것을 다르게 취급'해야 한다는 평등 원칙을 의도적으로 위반한다. 문제는 DEI에 의해 발생하는 새로운 차별이 기득권에 대한 불이익으로 귀결되는 것이

캐나다 캘거리에서 열린 여성단체 행진. STAY WOKE 문구가 보인다.

아니라, '깨어 있는' 사람들이 말하는 역사적 피해자 중 한 집단에 귀속된다는 것이다. 예컨대 대학이 다양성 증진을 위해 실력과 무관하게 흑인 학생을 입학시키면 그 피해는 백인 학생이 입는 것이 아니라, 공부를 잘하는 다른 소수집단 학생이 입는다. 그럼에도 '깨어 있는' 사람들은 일부 집단을 다른 집단과 차별하여 대표성을 높이는 차별은 '착한 차별'이기 때문에 괜찮다고 한다. DEI의 다양성은 개인의 다양한 경험을 고려하지 않으며, DEI의 형평성은 결코 동등하고 평등한 대우를 의미하지 않고, DEI의 포용성은 누군가에 대한 특혜로 전락하기 십상이다.

'정치적 올바름'이 이러한 **역설적 결과**를 가져오는 이유는 무엇일까? 이 질문에 대한 답은 여러 가지가 있겠지만, 무엇보다도 '정치적 올바름'이 표현의 자유를 침해하는 것에서 찾을 수 있다. 1990년대 후반부터 미국 대학을 중심으로 '정치적 올바름'에 대한 논쟁이 격렬하게 진행되었다. '사상경찰'(thought police)이라는 표현이 잘 나타내듯이, '정치적 올바름'에 대한 강조는 아이러니하게도 학문의 자유와 표현의 자유에 대한 억압으로 귀결되고 있다. "어떠한 의견이라도 강제로 침묵당하게 된다면 그것은 우리가 절대적으로 오류가 없다는 가정과 같으므로 매우 위험하다."는 존 스튜어트 밀(John Stewart Mill)의 말은 표현의 자유가 민주주의에서 얼마나 중요한지를 잘 보여준다. 그는 "좋은 의견이라도 그것이 자유롭게 논의되고 도전받지 않는다면 대다수 사람은 그 의견의 논리적 근거를 이해하지 못한 채 단순히 편견으로만 받아들인다."고도 말했는데, 정치 양극화나 포퓰리즘으로 대표되는 민주주의의 퇴행 현상은 이러한 논의와 도전이 실종된 결과로도 이해할 수 있다. 두말할 필요도 없이 민주주의에서 표현의 자유는 핵심적인 가치이며, 민주주의는 공개적인 담론과 아이디어 교환을 억압하는 일체의 검열이나 처벌을 원칙적으로 금지한다. 그럼에도 단지 '피해자'들이 느끼기에 차별적이고 공격적일 수 있다는 이유만으로 비판과 토론, 나아가 사상까지 검열한다면, '정치적 올바름'은 관용이나 포용과 같은 민주적 가치들을 저해하고 사회발전을 가로막는 걸림돌이 아닌가. '깨어 있는' 사람들로부터 언제든지 공격당할 수 있고, 사회적 비난을 넘어 해고나 법적 처벌까지 받을 수 있는 사회에서 평범한 개인이 살아남는 길은 다수의 의견에 동조해 말을 삼가는 것 말고 다른 길이 있겠는가?

실제로 '정치적 올바름' 주장이 이런 결과를 초래한다는 사실은 많은 조사연구의 한결같은 결론이다. 2017년 미국 Cato Institute의 설문조사에 따르면 응답자의 71%가 '정치적 올바름'이 사회에서 중요한 논의를 침묵시켰다고 보았다. 2022년 뉴욕타임스(NYT)의 설문조사에 따르면 표현의 자유를 누리지 못하는 것이 문제라고 답한 응답자가 84%나 되었다. 이러한 억압적인 분위기, 속된 말로 '입틀막'(입을 틀어막기)이 횡행하는 사회에서 다른 의견을 가진 '소수'는 결국 '정치적으로 올바른 다수'의 의견에 동의할 것을 강요당하며 공론의 장에서 배제되고야 만다. 다양성, 형평성, 포용성 증진을 위한 말과 행동이 애초 의도와 정반대의 결과를 가져온 것이다. 움베르토 에코(Umberto Eco)는 이런 차원에서 '정치적 올바름' 주장을 "다른 의견에 대한 존중으로 위장된 형태의 불관용"이라고 비판했다.

'깨어 있는' 사람들은 '정치적 올바름' 주장이 사람들의 말하는 방식, 생각하는 방식을 바꾸어 사회에 바람직한 변화를 일으킨다고 주장한다. 그러나 훈련된 태도와 학습된 뇌 구조를 바꾸는 일은 매우 어려울 뿐만 아니라, 단순한 호소는 진정한 변화를 끌어내기에는 역부족이다. '차별금지법'과 관련된 논란은 '정치적 올바름' 주장의 허점을 잘 보여준다. '차별금지법'에 대한 비판의 초점은 법에서 형사처벌을 예정하고 있음에도 무엇이 금지되고 무엇이 허용되는 행위인지 미리 알 수 없다는 점, 차별의 판단 기준이 모호하고 자의적인 해석의 여지가 크다는 점에 있다. 하지만 차별금지법을 옹호하는 쪽에서는 이러한 '불명확성'이 형사처벌로 이어질 위험성에 대해서는 일언반구(一言半句)도 하지 않는다. 어떤 사람은 '차별금지법'이 엄청난 영향력을 발휘한다는 느낌을 주기 때문에 반대를 줄이기 위해 '평등권리법'으로 바꿔 부르자고 주장하기도 한다. 이렇게 명칭을 바꾼다 한들 대체 어떠한 문제가 해결될 것인가? 역사적으로 억압 받아온 사람들에게 어떠한 실질적인 도움을 줄 것인가?

이름만 바꿔서 문제를 해결하려는 방식은 지극히 '정치적으로 올바른' 방식인지 모르나, 이렇게 해서는 어떠한 문제도 해결되지 않는다. 예를 들어 장애인 접근성(accessibility)을 높이기 위해서는 경사로를 설치해야지, 단순히 장애인을 '다른 능력을 갖춘' 사람이라고 부른다고 해결될 문제가 아니다. 하지만 PC주의자들은 정책의 실질적인 효과보다는 해당 정책이 갖는 지향이나 이미지에 집착하는 경향이 매우 강해 보인다. DEI도 마찬가지다. DEI를 통해 소수인종 학생들을 채용하면 해당 학생들(또는 이들의 선조

들)이 경험한 불평등이 해소되는가? 오히려 일부 사례들을 활용하여 사회구조적 문제들에 대한 대중의 관심을 은폐하는 수단으로 활용되는 것은 아닌가?

PC주의자들은 예컨대 '차별금지법'에 반대하면 사람이 평등하다는 것을 인정하지 않는 것으로 취급하는 이분법적 사고방식을 강하게 드러내는데, 이것은 근본주의자의 대표적인 특성이다. 이들은 어떠한 논의를 단순화해서 내 편과 네 편을 가르는 천부적인 재능을 보인다. 조지 오웰의 소설, 『1984』는 당(Party)의 핵심 원칙으로서 이중사고(doublethink)와 신조어(newspeak)를 통해 시민들의 사고를 조작하고 통제하는 방법을 묘사하고 있는데, 이중사고(二重思考)를 상징하는 슬로건에 "전쟁은 평화다. 자유는 예속이다. 무지는 힘이다."(War is peace. Freedom is slavery. Ignorance is strength.)라는 슬로건이 있다. 궤변이 분명하지만 종국에는 사람들의 머리를 세뇌하는 힘을 가지고 있다니 여간 가공스럽지 않은데, 이러한 선전구호들은 묘하게도 '깨어 있는' 사람들의 '정치적 올바름' 주장과 꽤 닮은 점이 있어 보이지 않는가?

'숭고한(숭고하다고 주장하는) 목적'에는 항상 숨은 의도가 있거나 부정적인 귀결이 따르는 법이다. '정치적 올바름'은 표면적으로 평등과 정의라는 민주주의 이상과 일치하는 것처럼 보이지만, 실제로는 체계적 차별을 해결하지도 못할 뿐만 아니라 민주주의의 핵심가치를 위협한다. 사람들이 다수의 의견과 다른 의견을 표현하기를 주저하고 보복을 두려워하면 민주주의의 토양은 메마르게 된다. 무엇보다도 PC운동은 이런 면에서 표현의 자유에 대한 정면 도전이라고 아니할 수 없다. 왜냐하면 표현의 자유는 이러한 선전에 대항할 수 있는 민주주의의 가장 큰 무기라고 할 수 있는데, 이 무기를 내려놓으라는 게 PC운동이기 때문이다.

'올바른 것'은 말이나 생각, 행동 따위가 이치나 규범에서 벗어남 없이 옳고 바른 것일 것이다. 이런 의미에서 '정치적으로 올바른 것'은 사실은 올바르지 않은 것이다. 어쩔 수 없이 대립, 마찰, 갈등을 피하려고 하는 행동, 비난이나 보복이 무서워서 하는 행동이 올바를 수는 없는 일이다. 요컨대 '정치적 올바름'은 내재적인 모순으로 가득 차 있을 뿐 아니라, 민주주의에 해악을 미친다. 다수가 동의한다고 하더라도 그것이 내일 어떻게 될지, 모레 어떻게 될지 모르는 상황에서, 어떤 것만 올바르다고 주장하는 것은 '이것이 바로 공익'이라고 주장하는 것처럼 일방적이고 편파적이다. 민주주의 사회라면 경계하고 배격해야 할 것이 '정치적 올바름'이라는 이름으로 불리니 참으로 무서운 세상이 되어가고 있다는 생각을 지울 수 없다.

10. 정당이 있어야 민주주의 국가인가?

요즈음 우리나라 정당들의 활동 양상을 보면 과연 민주주의를 운영하는 데 정당이 필수적이거나 도움이 되는지, 또 우리나라 헌법(제8조 1항)에서처럼 복수정당 제도를 두고, 정당법을 통해 보호하며 국민 세금으로 지원까지 해주는 것이 타당한지, 의문을 품게 만드는 경우가 잦아지고 있다. 막무가내로 서로의 의견을 무시하고 백안시하며 싸우는 소리만 요란할 뿐, 국가정책을 두고 서로 합리적으로 토론하고 협의해 더 나은 대안을 찾아내려고 애쓰는 모습이 거의 보이지 않기 때문이다.

정당 내부 사정도 늘 소란스럽기는 마찬가지다. 자신들이 지지하는 정책을 더욱 세련되게 만들고 국민의 요구를 바르게 알아내려는 노력은 별로 보이지 않고, 계파 간의 헤게모니 다툼은 끝이 없다. 이런 정당들의 모습을 보면서 정당이 있어야만 민주주의가 제대로 작동한다는 주장에 선뜻 동의하기는 쉽지 않지만, 복수정당의 존재와 활동은 민주주의를 확고하게 지키는 요새나 다름없다. 왜 그런가?

민주주의의 가장 중요한 존재 이유는 전제적 독재 정부의 출현을 막는 것이다. 전제정부 중에는 일당독재만 있는 것은 아니다. 허수아비 정당들을 세워놓는 경우도 흔하다. 요컨대 정치이념과 철학이 다른 복수의 정당이 존재하더라도 그들 간에 경쟁이 없으면, 그 국가는 일당독재의 정부이다. 현대의 공산주의 국가들이 거의 다 이 유형에 속한다. 두말할 것도 없이 일당독재의 공산주의 체제에서는 집권자가 권력을 유지하기 위해 국민의 자유와 권리를 짓밟고, 다수의 이름으로 소수자의 인권과 행복을 무시하는 일이 빈번히 자행된다. 일당독재를 막을 제도적 장치가 부재하기 때문이다.

복수정당제도는 이런 일당독재 정부의 출현을 원천적으로 막기 위한 헌법적 장치이다. 우리나라의 헌법이 복수정당제를 보장하고 있는 이유도 여기에 있다. 일반적으로 민주주의 국가에는 복수의 정당이 존재하는 게 보통이다. 여기서 제기될 법한 흥미로운 질문은, '복수정당의 존재는 헌법 규정 때문인가?'이다. 답은 '아니다.'이다. 영국이나 미국 등 서양에서 복수의 정당은 19세기에 의회주의의 발달과 더불어 자연발생적으로 생겨났다. 사람들이 모여 사는 사회에서 서로 의견을 달리하는 사람들 간에 정파나 파당

영국 보수당의 전당대회.

이 만들어지는 것은 지극히 자연스럽다.

우리나라 역사를 보아도 그렇다. 조선왕조 시대의 사색당파는
법에 따라 만들어지진 것이 아니다. 흔히 비난 대상이 되곤 하지
만, 그것은 역사적으로 자연스럽게 형성되고 변천해 간 정치적
집합체이고 파당이었다. 이런 파당들이 국가의 대소사를 두고 의
견을 달리하고 상호 비판하는 데 그치지 않고, 선거에서 승리해
정치권력을 차지하고 유지하려는 노력으로 진화한 것이 오늘날
의 정당이다. 불문헌법 국가인 영국은 말할 것도 없지만, 미국 헌

법에 정당에 관한 규정이 없는 것은 바로 이런 이유에서다. 결사의 자유를 인정하고 참정권을 보장하는 민주주의의 역사가 이어지면서, 정치적 결사체인 정당도 민주주의의 핵심 제도 중 하나로 자리 잡게 되었다.

정당의 기능이나 역할도 법적 규정 사항이라기보다는 결사체들이 정치활동에 적극 참여하는 과정에서 저절로 규정되어 왔다고 볼 수 있다. 오늘날 널리 사용되는 정당의 정의는, 적극적으로 정치적 견해를 규합하고 정치적 견해의 구현을 위해 정권을 획득하고 유지하려는 자주적 단체이다. 우리나라의 '정당법'에서도 정당은 "국민의 이익을 위하여 책임 있는 정치적 주장이나 정책을 추진하고 공직선거의 후보자를 추천 또는 지지함으로써 국민의 정치적 의사 형성에 참여함을 목적으로 하는 국민의 자발적 조직을 말한다."라고 규정하고 있다. 정당의 역할과 기능 가운데 가장 가시성이 높은 것은 공직선거에 후보자를 공천하는 일이지만, 정당은 여론을 형성하고, 국민이 자신들의 주장에 동조하도록 정책과 이슈를 개발하고, 정강(政綱)과 정책을 수립하여 홍보하는 등의 역할과 기능을 수행한다.

정당이 민주주의의 핵심 기구로 등장한 것은 정권의 획득과 정치적 지지 확보를 위한 정치적 경쟁이 정당을 중심으로 전개되기 때문이다. 이러한 정당의 존재와 활동을 보장하는 것은 곧 정권의 획득 경쟁을 보장하는 것이다. 따라서 복수정당의 존재와 활동은 독재정부의 등장을 막는 방파제가 된다. 집권당의 실책으로 헌법이 규정한 국민의 자유와 권리가 억압되거나 사회적 정의가 훼손되면, 야당은 그것을 비판하며 시정을 요구한다. 그러나 이보다 더 중요한 일은 야당이 대안적인 정책을 제시하고 기존의 사회적 병폐 시정을 약속하며 차기 선거에 나서는 것이다. 집권 여당은 이런 야당의 도전을 의식하며 행동하지 않을 수 없다. 이런 연유로 복수정당제도가 작동하는 사실 그 자체만으로도 일당독재의 전제정치는 어느 정도 막을 수 있다.

오늘날 민주주의 선진국들 중에 양당제도를 유지하는 국가들이 많으므로 2개의 정당만 있으면 그것으로 충분하다는 견해가 있을 수 있다. 하지만 세상의 정치적 견해가 둘로만 나뉘는 것은 아니므로, 2개 이상 복수의 정당을 갖는 것도 자연스러운 일이다. 우리나라의 헌법이 정당 설립의 자유를 규정하면서 더불어 복수정당제를 규정하고 있는 것은 이 때문이다.

다만 정당의 설립이 자유라고 해서 어떤 성격의 정당도 무제한 허용된다는 의미는 아니다. 우리나라의 헌법은 "정당은 그 목적, 조직과 활동이 민주적이어야 하며"(제8조 2항), "정당의 목적이나 활동이 민주적 기본질서에 위배될 때에는 정부는 헌법재판소에 그 해산을 제소할 수 있고, 정당은 헌법재판소의 심판에 의하여 해산된다."(제8조 4항)라고 규정하고 있다. 이 규정은 소위 '자유의 역설'을 막기 위한 제도적 장치이다. 자유는 보장되어야 하지만,

자유를 파괴하는 자유까지 허용할 수는 없다는 뜻에서, 민주적 정당만 허용한다는 취지이다. 2014년 말 헌법재판소가 통합진보당의 해산을 결정할 때 인용한 것이 바로 이 헌법 규정이었다.

한편 복수의 정당이 있다는 사실만으로 민주주의가 확실하게 지켜지는 것은 아니라는 점에 유의할 필요가 있다. 예를 들면 제1차 세계대전 이후 독일에서 가장 민주적인 헌법에 따라 바이마르 공화국이 탄생하였고, 복수의 정당들이 경쟁적으로 정권을 담당하였다. 하지만 나치당이 국민의 감성을 교묘히 조종하여 정권을 획득한 다음에는, 국민 동원 체제가 강화되면서 히틀러 독재체제가 수립되었다. 이것을 허용해 준 것은 결국 국민의 '민주적' 투표였다. 이런 역사적 경험은 국민이 깨어 있지 못할 때, 특히 국민이 국가의 미래에 대한 전망에 무관심하고, 현재 상황에 대한 불만에 함몰되어 악마적 유혹에 넘어갈 때, 민주주의 체제가 '민주적으로' 붕괴될 수 있음을 웅변해 준다.

11. 지방자치는 민주주의에 필수적인가?

지방의회 의원들이나 지방정부의 일탈을 보고 "쓸데없이 지방자치를 해서 이런 국가적 손실이 초래된다."라고 불평하는 이들을 가끔 본다. 이런 말을 들을 때마다 당혹스럽다. 아마 1990년대 이전에 지방자치 없이, 온 나라가 산업 발전에 매달리던 독재 시절을 기억하기 때문일는지 모른다. 그때는 지방자치 없이도 나라가 잘 굴러갔다고 생각할 수 있겠다.

그렇다면 지방자치제도는 우리에게 무슨 이익이 있길래 적지 않은 부담을 안으면서 운영해야 하는가? 지방자치는 민주주의에 필수적인가? 필수적인 것은 아니더라도, 과연 민주주의 발전에 도움이 되는가?

지방자치를 유지하는 데는 큰 비용이 소요된다. 그 많은 지방자치단체 의원들에게 세비와 보좌관도 주어야 하고, 지방의회에서 벌어지는 (불필요한) 논쟁 때문에 정책을 순탄하게 추진하기 어려운 경우가 적지 않다. 또한 지방자치단체들은 지역의 특색을 살린답시고 엇비슷한 수많은 축제를 만드는 등 예산을 낭비한다는 비난을 받기도 한다. 이런 실망스러운 면면 때문인지, 옛 권위주의 정부 시절 중앙정부의 지시에 따라 나라 전체가 일사불란하고 능률적으로 움직이는 것 같던 모습에 향수를 느끼는 이들도 있다.

역사적으로 지방자치는 민주주의 출현 이전의 중세 봉건제의 유산이라고 할 수 있다. 절대군주 국가가 형성된 이후에도 교통과 통신의 발달이 미흡해 먼 지방에까지 중앙의 힘이 닿기 어려웠던 나머지, 그 이전부터 존재했던 봉건영주들에게 한정적인 통치권을 허용하였다. 그 가운데 민주주의로 전환된 지방정부도 있지만, 상당 부분은 귀족제도의 틀을 유지하면서 지방자치권을 허용받았다.

절대군주 국가에서 민주주의 국가로 전환된 이후에도 지방정부들이 모두 민주적으로 운영되었다고 보기는 힘들다. 반면에 비민주국가나 피상적 민주국가에서도 지방자치가 허용된 사례는 적지 않다. 가까운 예로 일본은 명치(메이지) 시대에 근대적 의미의 지방자치제도를 수립하여 전쟁기, 즉 군국주의 시대에도 지방자치제를 그대로 유지하였고, 그 전통은 아직까지도 계속되고 있다. 19세기 오스트리아의 입헌군주국가 체제에서도 지방정부

진주 유등축제.

가 자치적으로 운영되면서 특권층의 보루로 남아 있었다. 이렇게 볼 때 지방자치는 민주주의의 핵심 요소로 발전한 제도는 아닌 것이 분명해 보인다.

지방자치는 이렇게 역사적으로 또 나라에 따라 다양한 형태로 출현하였지만, 근원적으로는 지역별로 단위 정부를 인정하고 자치조직권과 자치재정권을 부여함을 가리킨다. 자치조직권은 지역을 기초로 하는 공공단체가 독자적으로 지역의 행정 사무를 처리할 기관을 형성하는 권리이다. 자치단체장을 지역구민들이 선출하는 것이 이에 속한다. 자치재정권은 지방정부의 세입과 세출, 예산과 결산을 독자적으로 처리할 수 있는 권능을 의미한다.

물론 지방정부가 아무리 자율성을 누린다고 해도, 국가체제 안에서 일정한 범위의 활동에 한정되어 업무를 수행한다. 중앙 정부를 무시하고 모든 일을 독자적으로 결정할 수 있는 것은 아 니다. 그래도 자율성이 허용된 범위 안에서 지방정부가 각자 독 립적으로 판단하여 결정하는 까닭에, 국가 전체적으로 정책의 일관성을 갖추기 어려운 때도 있다. 독립적 판단 기구가 많아지 므로, 중앙정부의 영향력이나 통제력이 일사불란하게 행사되기 어려워질 수도 있다.

그렇지만 지방자치제도가 민주주의 발전에 필수적이지 않고 국정운영에 상당한 추가 비용을 불러올지라도, 그 제도가 더 큰 이익을 가져다준다면 채용할 만한 가치가 있을 것이다. 그 중요 한 이익을 몇 가지로 나누어 살펴본다면 다음과 같다.

첫째, 국민복지의 증대에 유리하다. 지방정부가 독자적으로 정 책을 결정하면, 중앙정부가 전국에 걸쳐 일률적인 결정을 내리는 경우보다 지역 특수성을 더 잘 살릴 수 있다는 장점이 있다. 지역 주민의 의사를 더 정확히 반영할 수 있으며, 자기 지역에 유익한 정책을 채택할 가능성이 커진다.

둘째, 정책의 선택과 집행에서 지방자치단체들이 선의의 경 쟁을 펼침으로써, 국민복지에 유익한 정책을 성공시키려는 노력 이 훨씬 강도 높게 추진될 것이다. 혹시 지역 이익을 극대화하려 는 경쟁적 노력이 국가 전체의 공익을 손상할 가능성이 있지 않을까? 그렇게 될 가능성은 그리 크지 않다. 만약 국가 전체의 공익이 지역간 경쟁으로 손상될 가능성이 있다면, 그것들은 대개의 경우 중앙정부만이 담당하도록 법률로 정해둔 사안, 즉 국가 안보정책이나 외교정책 등일 것인데 이런 정책을 분권화하는 국가는 없다.

셋째, 지방자치는 국가체제가 높은 안정성을 유지하도록 하는 동시에, 변화하는 환경에 더 효율적으로 적응할 수 있게 해준다. 실로 환경의 변화를 감지하기란 쉽지 않다. 덩치가 큰 체제일수록 환경의 작은 변화에 맞춰 적응하기 어려운 법이다. 생명체의 진화에서는 물론이고, 사회적 조직체계에서도 같은 원리가 작용한다. 그러므로 중앙정부보다 규모가 작은 지방정부는 상대적으로 변화에 적응하기가 훨씬 수월하다. 또 지방정부의 변화는 부분적인 변화이기 때문에 국가 전체에 주는 충격이 크지 않다. 따라서 지방자치제도는 변화에 적응하면서 국가체제의 안정성을 유지하는 데 유리하다.

넷째, 지방자치제도가 수립되어 있으면 국가의 정책선택이 현명해질 가능성이 커진다. 독단적이거나 불합리한 중앙의 정책에 대하여 지방정부가 독자적인 목소리를 내며 반발하거나 비협조적으로 나올 수 있기 때문이다. 중앙정부가 독단적으로 결정한 정책을 억지로 밀어붙이기도 어려워진다. 따라서 지방자치제도는 민주주의 국가에서 중요시되는 권력분립의 한 가지 형태이다. 지방자치보다 더 분립적인 것은 연방제 정부다. 중앙정부와 지방정부가 각자 독자적인 목소리를 내게 되어 있으므로, 불합리하고 불법적인 정책에 대해 서로 견제하고 잘못을 지적하게 만든다. 지방자치는, 3권분립에 더하여, 제2의 견제와 균형의 원리를 구현해 내는 장치로서, 민주주의를 더욱 공고히 유지하는 데 유리하게 작용할 수 있다.

다섯째, 지방자치제도는 국정운영의 창의성을 키우는 데 유리하다. 각 지방정부가 독자적으로 정책을 채택하므로, 전국적 견지에서 보면 다양한 정책이 실험되는 것과 마찬가지다. 한 지방자치단체의 더 우수한 정책대안은 다른 자치단체에 의해 모방될 것이고, 열악한 정책대안은 도태될 것이다. 원래 창의성이란 성격상 계획적으로 창출되지 않는다. 다양한 시도들이 앞다투어 이루어지는 속에서 더 우수하고 편익이 크다는 평가를 받기 위해 경쟁하는 가운데서 창의성이 발현되는 것이므로, 시행착오를 늘리는 것이 창의성을 늘리는 최상의 길이다. 지방자치제도가 없다면 전국적으로 하나의 통일된 정책만 시행될 것이므로, 시행착오를 통한 발전의 기회를 맞이하기는 그만큼 더 어려울 것이다.

여섯째, 지방자치는 민주주의에 필수적인 요소는 아닐지라도, 민주주의의 훼손을 막아주는 방어적 기제로 작용할 가능성이 크다. 자치단체들은 독립적으로 움직이므로, 어느 한 자치단체가 비민주적으로 운영되더라도 다른 자치단체가 이를 추종할 가능성은 크지 않다. 오히려 고장난 지방정부의 민주주의 회복을 정상적인 지방정부가 도와줄 것이다. 앞서 지적하였듯이 중앙정부에 대한 견제와 균형도 민주주의를 강화하는 데 유리하게 작용할 것이다. 풀뿌리 민주주의(grassroot democracy) 이론이 그렇게 주장하듯이, 지방자치가 궤도에 오르면 주민 생활과 밀접한 정책의 결정에 주민의 참여가 높아질 가능성이 크고, 지방정부의 정책에 대한 관심은 중앙정부의 정책에 대한 관심으로 확장될 것이다. 국민(또는 주민)이 정부의 운영에 무관심하다면 민주주의의 발전은 기대할 수 없다.

일곱째, 지방자치제도는 현대사회 정책문제의 복잡성을 부분적으로 해결하는 메커니즘이다. 현대국가에서 다뤄지는 수많은 정책문제는 어느 것 하나 복잡하지 않은 것이 없다. 그들 사이의 상호작용까지 감안하면 아무리 현명한 사람이라도 두루 헤아리기가 어렵다. 이런 복잡성을 해결하는 하나의 방법이 바로 분업이고 분권화(decentralization)이다. 서로 다른 주체들이 일정한 영역을 나누어 담당하는 것은, 복잡성을 완화하고 각자의 능력에 맞게 일을 수행하는 좋은 방법이다. 국가정책 중에서 비교적 복잡성이 낮은 것을 지방정부에 맡겨 중앙정부의 업무 부담을 분산시키면, 국가정책의 복잡성은 상당히 완화될 수 있다. 각자 더 잘할 수 있는 영역을 정하여 중앙정부와 지방정부가 업무를 분담한다면, 국가 전체적으로 정책 추진의 효율성이 높아질 수 있다.

룩셈부르크나 모나코 같은 작은 나라들은 지방자치 없이도 민주주의를 잘 지속하고 있는 것을 보더라도 지방자치제도가 민주주의에 필수적이라고 말할 수는 없다. 그러나 지방자치제도가 없는 것보다는 있는 것이 민주국가 운영에 훨씬 유리하다. **지방자치는 민주주의를 발전시키고 지속시키는 데 아주 유익한 제도로 작용할 수 있다.** 일부 지방자치단체들이 불만스럽게 운영될 수는 있지만, 그렇다고 모두가 그렇게 운영되는 일은 상상하기 어렵다. 사람들 중에 사회생활을 잘하는 사람도 있고 잘 못하는 사람도 있듯이, 지방정부도 마찬가지다. 일정 시간이 경과하고 경험이 쌓이게 되면, 잘하지 못하는 자치단체에서는 지자체장이나 의원들이 교체될 것이고, 그 결과 잘하는 자치단체를 따라잡으려고 하는 경쟁 풍토와 문화가 점차 깊이 뿌리 내리게 될 것이다.

이런 면에서 보면 지방자치제도의 요체는 지자체 간 경쟁의 촉발에 있다고 해도 좋을 것이다. 물론 각급 지방자치단체의 자치권과 자율성이 보장되어야 가능한 이야기이다. 시장에서 경쟁이 충분하지 않아도 소비자에게 이익이 되고 국가발전에 이바지하듯이, 자치권과 자율성이 충분하게 주어져 있지 않더라도 경쟁은 일어나기 마련이고 그것은 지역의 이익을 넘어서 국가에 이익이 될 것이다. 지자체 간 경쟁의 촉진이야말로 지방자치제의 매우 중요한 비밀이고 성공의 요체이다. 그런데 강력한 중앙집권의 전통이 강한 우리나라에서는 지방자치가 실시된 지 수십 년

이 되어가고 있음에도 지방자치다운 지방자치는 기대하기 힘든 수준에 머물고 있다. 중앙정부의 근시안적 태도 때문이기도 하고, 너무나도 중앙집권에 익숙해져 있는 국민의 심성 때문이기도 하다. 최근에 '제왕적 대통령제'(?)의 문제점을 지적하면서 개헌 얘기가 다시 입에 오르내리고 있는데, 언젠가 개헌이 된다면 지방자치제도의 획기적 강화가 또 다른 1순위 아이템이 되어야 할 것이다.

12. 민주주의는 어떻게 평등을 실현하는가?

민주주의는 인간에 대한 두 가지 가정에서 출발한다. 첫째로 인간은 불완전한 존재라는 가정이다. 왕후장상(王侯將相)이나 장삼이사(張三李四)나 모두 잘못 판단하고, 변덕스러우며, 권력을 잡으면 절제 없이 휘두를 수 있다고 본다. 그래서 민주주의는 3권분립과 같은 권력분립을 통해 상호 견제와 균형을 이루어 서로의 잘못을 지적하고 바로잡을 수 있는 제도적 장치를 마련해 두고 있다.

두 번째 가정은 인간은 자유롭고 평등한 권리를 지니고 태어난 존재라는 가정이다. 〈미국 독립선언문〉(1776)과 〈프랑스 인권선언〉(1789)은 천부인권설에 기초해, 인간의 자유권과 평등권은 창조주가 인간에게 부여한 생래적인 권리(inherent rights)임을 선언하고 있다. 대한민국 헌법 제11조 1항도 "모든 국민은 법 앞에 평

프랑스 인권선언.

등하다. 누구든지 성별, 종교 또는 사회적 신분에 의하여 정치적, 경제적, 사회적, 문화적 생활의 모든 영역에 있어서 차별을 받지 아니한다."고 명시하고 있다.

그러나 현실 세계에서 불평등은 곳곳에서 발견된다. 아니 평등보다는 불평등이 원칙이라고 말해야 옳을 지경이다. 그렇다면 인권선언이건 헌법이건 인간의 평등성을 향상하는 데 무슨 소용이 있다는 말인가? 과연 민주주의가 선포하는 평등권 때문에 사람들의 삶은 더 평등해졌는가? 인간의 자유와 기본권이 손상되더라도 모두가 평등한 세상을 만들어야 한다고 주장하는 공산주의와 다른 점이 무엇인가?

헌법에 명시된 평등권은 일차적으로 '기회의 평등'을 지칭한다. 기회는 누구에게나 공평하게 열려 있고 제공되어야 한다는 의미다. 예를 들어 고등학교 동창회에서 합창단원을 뽑는다고 할 때, 동창생 모두에게 고루 참여의 기회를 줄 뿐 모든 동창생을 똑같이 대접하지는 않는다. 만일 음치인 동창생이 기회의 평등권을 들먹이면서 자기도 합창단에 뽑아줘야 한다고 억지를 부린다면, 그를 뽑아줘야 하는가? 아마도 그런 동창회는 없을 것이다. 기회의 평등은 자격이나 능력이 모자란 사람을 자격자나 능력자와 동등하게 대우하는 것을 뜻하지 않는다. 자격자와 능력자라면 누구에게나 기회가 제공되어야 한다는 의미, 그 이상도 이하도 아니다. 그가 실제로 그 기회를 차지하고 누릴지 여부는 별개의 사안으로서, 그 결과는 이들 간의 경쟁 과정에서 결정될 일이다.

다시 합창단원을 뽑는 예로 돌아가 보자. 만일 어느 지역 출신 혹은 어느 대학 출신은 배제하고, 어느 지역 혹은 대학 출신에게 우선권을 주는 것은 어떤가? 이런 식으로 누구에게는 제한을 가하고 누구에게는 특혜를 준다면, 이는 누가 보아도 '기회의 평등'

원리를 위반하는 것이다. 이 이치는 대학 입학, 취업, 사업의 성공 등 그 무엇에나 동일하게 적용된다. 자격이나 능력을 인위적으로 바꾸거나 조정해서가 아니라, 각자가 갖고 있거나 키워온 자질과 능력에 맞는 대학이나 직장에 들어가고, 사업에 성공할 수 있도록 방임하는 것이 '기회의 평등' 원리에 합치한다. 만일 '기회의 평등'을 명분으로 삼아 특정인이나 집단의 입지를 개선하거나 차별한다면, 그것은 다른 사람이나 집단이 누려야 할 '기회의 평등'을 침해하는 결과가 된다.

예컨대 대학입시에서 농촌 학생에게 우선선발권을 주는 소위 농어촌특별전형제도는 언뜻 보면 '기회의 평등'을 실현하는 제도처럼 보일지 모르나, 실상은 간단하지 않다. 사실은 그 반대가 될 수 있다. 쉬운 예로 자녀 교육을 위해 농촌에서 이농하여 도시로 왔는데, 그 후 이런 입시제도가 생긴 경우, 이농해 도시로 온 부모(의 자식)의 입장에서 생각해 보시라. 더 근본적으로 유독 출신지에 따라서 대학 입학의 기회를 우선적으로 제공해야 할 필연적인 이유가 있는가? 그럴 만한 특별하고 정당한 이유가 있는가? 농어촌특별전형 제도가 시행된 이후 거꾸로 도시에서 농촌으로 이사 가는 가계가 생겨나고 있는 웃지 못할 현실을 혹시 알고 있으신가?

여기서 우리는 '기회의 평등'이 말 그대로 '기회의 평등'이 되기 위해서는 그것이 왜 '법 앞의 평등' 원리와 같이 가야만 하는지를 잘 이해할 수 있다.(제3장 참고) '기회의 평등'은 각자가 타고나고 기른 능력이나 자질을 발휘할 기회를 누구에게도 정당한 이유 없이 거부해서는 안 된다는 의미에서 소극적으로 해석해야지, 그런 기회를 누구에게나 반드시 주어야 한다는 의미에서 적극적으로 해석하고 적용하면 안 된다.

특히 '기회의 평등'을 '결과의 평등'과 혼동해서도 안 된다. 어떤 결과에 도전하고 성취할 수 있는 기회를 부여하거나 박탈하는 것과, 그 결과를 성취하거나 하지 못하도록 만드는 것은 전혀 다른 차원이다. 누구에게나 좋은 대학에 도전하고 입학할 수 있는 기회는 열려 있고 동일하게 주어져야 하지만, 누가 대학에 들어가느냐는 그 대학이 정한 기준에 누가 더 부합하느냐, 누가 더 실력이 있느냐에 따라 결정되어야 맞다. 그런데 만일 어떤 사람이 '더 실력이 있는' 것은 다른 사람이 누리지 못하는 기회를 그가 누릴 수 있었기 때문이라는 이유를 들어서, 그런 기회가 없었던 사람들에게 보상을 제공해 주어야 한다고 주장한다면 어떤가? 운동장을 평평하게 만들어 주어야 한다는 뜻의 주장이지만, 이것은 '기회의 평등'이 아니라 '결과의 평등'을 실현하려는 의도에서 비롯되는 주장이다.

'결과의 평등'은 자연 상태에서 결코 성취될 수 없다. 인간의 삶의 조건은 사람마다 각기 다르다. 어떤 사람은 잘생겼고, 부잣집에서 태어났으며, 또 어떤 사람은 머리만 좋은 것이 아니라 성격도 좋고, 부지런하고, 성실하기도 하다. 그러므로 각자가 성취할 수 있는 크기는 각기 다르다. 이렇게 천차만별인 사람들에게 '기회의 평등'을 보장할 때, 결과가 평등하게 나올 가능성은 전혀 없다. '결과의 평등'을 실현하기 위해서는 반드시 누군가의 자유와 권리를 억압하는 강제력이 행사되지 않으면 안 된다. 다시 말해 억지로, 힘(권력)을 사용해 평등하게 만들어내지 않으면 안 된다. '결과의 평등'이 민주주의와 함께 갈 수 없는 이유가 바로 여기에 있다.

정의를 내세워 '결과의 평등'을 추구하는 사례가 흔하지만, 이런 식으로 평등을 추구하는 것이 정의일 수 없다. 평등과 정의를 제1의 이데올로기로 삼는 사회주의나 공산주의 국가에서 불평등과 부정의가 가장 심하다는 사실은 무엇을 말해 주는가? 불평등한 것을 인위적으로, 억지로 평등하게 만들려고 할 때, 그로 인해 이득을 보는 사람들 편에서 보면 그것이 정의이겠지만, 그 반대편에서 자유와 권리가 억압된 사람의 입장에서 보면, 그보다 더 불공평하고 정의롭지 못한 세상은 없을 것이다.

'결과의 평등'이 민주주의와 함께 갈 수 없다고 해서, 민주주의 국가는 '결과의 평등'을 전적으로 무시한다는 뜻으로 이해해서는 안 된다. 민주주의는 '기회의 평등'을 실현하기 위해 진력하지만, 직접적으로 '결과의 평등'을 실현하려고 하는 일은 드물다. 이런 시도는 국민의 전폭적인 지지를 받기 힘들다. 왜냐하면 '결과의 평등'을 실현하기 위해서는 누군가의 희생이 필요한데, 희생자의 위치에 서 있는 사람들의 반대를 물리치기가 힘들기 때문이다. 어떤 국민도 자기가 낸 세금이 자기보다 형편이 나은 사람에게 돌아가는 것을 바라거나 좋아하지 않는다. 이런 이유로 민주주의 국가에서는 일정한 수준의 복지국가적 접근에 만족하는 편이다.

민주주의 국가에서 '결과의 평등'을 실현하기 위한 수단으로 '기회의 평등'을 이용하려는 시도가 끊임없이 이루어지지만, 이런 시도들이 어떤 형태와 방식이든 간에 결국 '기회의 평등' 원리를 위배하지 않고서는 성공하기 어렵다. 그런 시도로 인해 손해를 입는 사람들이 반드시 있기 때문이다. 예컨대 고용 면에서 '소수인종 우대 정책'(affirmative actions)을 채택하면 이 정책으로 인해 손해를 보게 된 집단은 자기들이 거꾸로 차별을 받는 셈이라며 역차별(reverse discrimination) 논란을 제기하고, 이 정책의 수혜집단에 포함되지 않은 소수집단은 자기들도 그 안에 포함시켜 주어야 한다고 주장할 것이다. 그 결과 이런 정책은 물타기 방향으로 흘러가거나 규제의 강도를 계속 완화하는 방향으로 가지 않을 수 없게 된다. 이 제도를 선도한 미국에서는 백인들의 역차별 호소 목소리가 나날이 거세지고 있다.

우리는 여기서 '기회의 평등'이 왜 '법 앞의 평등'의 원리와 함께 가지 않으면 안 되는지를 잘 이해할 수 있다. 인간의 삶의 모든 영역에서 평등을 주장할 수 있는 것은 아니다. 인간이 정당하게 자신의 평등권을 주장할 수 있는 경우는 '법 앞에 평등' 원리가 적용되는 경우뿐이다. 예컨대 생일 파티에 누구를 초청할 것인가를 정하기 같은 개인적 결정에서 우리는 모든 사람에게 기회를 주지 않는다. 자기가 좋아하는 사람들을 초청한다. 이 상황에서 '법 앞에 평등'을 거론할 사람은 없다. 나도 친구인데 차별하느냐고 불평하는 친구가 있을 수 있다. 그러나 누구도 이것이 정부가 나서서 시정해야 할 일이라고는 생각하지 않는다. 민주주의 국가에서 평등은 철저하게 '법 앞에 평등'이다.

그렇다고 해서 민주주의가 '결과의 평등'에 아무런 기여도 하지 못한다고 해석할 이유나 논리적 근거는 없다. '법 앞의 평등'이 실현되면 경제사회적 약자들이 자기의 처지를 개선할 수 있는 여지와 가능성이 크게 열리고 확대되기 때문이다. 민주주의는 '결과의 평등'을 약속하지도 않고 보장할 수도 없는 일이지만, 그런 상태의 실현을 가로막지 않는다.

사실 역사적으로 평등의 보장은 공산주의와 사회주의 국가의 이상으로 떠받들어져 왔다. 하지만 어느 나라에서도 이 이상이 실현된 일이 없다. 민주주의 국가에서는 어떤가? 민주주의 국가가 추구하는 최우선 가치는 국민의 자유와 권리의 보장이지만, 그렇다고 평등한 사회를 꿈꾸는 인간의 열정(passion)을 외면한 일은 없다. 역사에서 민주주의를 태동케 만든 원동력은 개인의 자유와 권리에 대한 염원이었지만, 여기에 정치적인 힘을 실어준 것은 평등을 향한 인간의 뜨거운 열정이었다. 서문에서 소개한 토크빌(Alexis de Tocqueville)은 그의 책,『미국의 민주주의』에 "인간의 마음속에는 타락한 평등 욕구가 있어서, 약자들은 강자를 끌어내리려 하며, 결국 '자유 속에서의 불평등'(inequality in freedom)보다 '노예 상태에서의 평등'(equality in slavery)을 선호하게 된다."는 유명한 말을 남겼다. 쉽게 말해 평등의 욕구가 강해지면 강해질수록 개인들이 국가의 강력한 개입을 원하게 되고, 결국은 그 욕구로 말미암아 자유를 잃고 노예가 될 위험을 안고 살아가는 존재가 인간이라는 것이다. 가만히 이 말의 뜻을 음미하고 음미해 보시기 바란다.

이런 의미에서 민주주의는 자유를 향한 염원과 평등을 향한 열정의 복합적 산물로서, 민주주의 이전의 어느 시대에도 모든 사람이 자유를 누리고 (법 앞에) 평등을 누린 시대는 없었다. 대다수 사람이 자신의 자유와 권리마저 제대로 주장하거나 누리며 살지 못했다. 민주주의의 위대성은 자유와 평등이 양립할 수 있도록 만든 놀라운 힘에 있다. 이런 면에서 인류는 아직껏 민주주의만한 체제를 찾지 못했다.

얼핏 보기엔 '법 앞에 평등,' '기회의 평등'을 추구하는 민주주의가 국민의 다양한 삶의 영역에서 평등을 높여줄 것처럼 보이지 않을 수 있다. 그러나 민주주의의 역사를 보면, 다양한 분야와 영역에서 평등의 수준과 정도는 모두 향상되었다. 평등한 세상을 만들어야 한다는 이데올로기 아래서 인간의 자유와 권리를 억압해 온 공산주의 국가보다 민주주의 국가에서 국민의 평등권이 더 신장되었다. 역설적이지만 이것은 역사적 사실이다. 왜 이런 결과가 생겨나는 것일까?

한마디로 말한다면 민주주의 운영 메커니즘의 우수성 때문이다. 민주주의 국가에서 정치권력은 거의 예외 없이 국민의 자유, 보통, 비밀 선거에 의해 결정된다. 더 많은 국민이 선호하는 정책을 내세우는 정당이 정권 획득에 유리하다. 한편 국민은 누구나 손해 보기를 원치 않는다. 최소한 차별 받기를 거부한다. 따라서 정치권력은 더 많은 표를 획득하기 위해, 더 많은 국민이 원하는 정책을 개발하여 제시하는 방향으로 나아간다. 불평등을 개선하고 평등을 향상할 수 있는 정책을 제시하는 정당이 선거에서 단연 유리하다. 선거가 거듭되면서 국민의 평등은 기회에서뿐만 아니라 실질적인 삶의 모양에서도 개선되는 방향으로 나아가게 된다.

민주주의 국가에서 평등이 증진되는 또 다른 메커니즘은 직업선택의 자유와 같은 자유권의 신장이다. 직업선택의 자유는 분업과 교환이 활발히 일어나게 만든다. 누구나 자기가 좋아하는 직업을 선택할 수 있으므로, 더 열심히 일하고 그것도 창의적으로 하려 한다. 경쟁에서 지지 않아야 하기 때문이다. 다양한 분야에서 전문가들이 생겨나고, 명인과 장인, 달인 들이 속속 등장한다. 그럼으로써 생산성 향상을 통해 소득을 증진하고, 사회적 지위를 향상한다. 자유로운 상거래는 교환을 촉진한다. 각자 자기 분야에서 교환과 거래를 잘할수록 큰 소득을 올리고, 사회적으로 인정을 받게 된다. 그 결과 사회 전체적으로 잘사는 사람의 수가 증가하고, 남의 눈치 보지 않고 살아가는 사람들이 늘어난다. 결국 시장경제와 산업이 발달하면서, 중산층이 두텁게 형성된다. 민주주의를 건전하게 운영하는 나라들이 선진국 대열에 들어가 있는 것은 민주주의의 이런 메커니즘 때문이다.

이와 대조적으로 공산주의 국가는 평등을 추구한다고 내세우지만, 공산당 일당독재에서 벗어나지 못하고, 따라서 평등을 개선할 더 나은 정책은 나오지 못한다. 아무런 경쟁 압력을 느끼지 않는 공산당 일당독재 정권은 국민의 삶을 개선하기보다는 자기들의 부와 권력을 보장하고 키워줄 권력의 유지를 위해 온갖 노력을 기울인다. 반체제 인사들은 정의의 이름으로 숙청된다. 공산주의 자체는 정의감에서 출발했을지 몰라도, 정의로운 공산주의자는 찾아보기 어렵다는 것이 역사의 교훈이다.

사실 공산주의 국가들은 오히려 구조적 불평등을 제도화하는 경향이 강하다. 구소련, 중국, 북한 어디를 막론하고 불평등이 얼마나 심한가? 모두가 평등해야 한다고 떠들지만, 불의를 일삼으며 호의호식하는 자는 공산당 간부들과 비호세력들뿐이다. 힘없는 대다수 인민은 '평등하게' 헐벗고 굶주리면서도 '찍소리'조차 내지 못하고 사는 수밖에 없다. 소리를 내는 순간 죽음이기 때문이다. 공산주의가 처음 등장한 20세기 초부터 지금까지 공산주의 체제에서 숙청되어 죽은 사람이 1억 명에 달한다는 보고가 있다.

민주주의 국가에서 평등의 수준이 향상되었다고 하지만, 부익부 빈익빈 현상은 골칫거리 중 하나다. 불평등은 경제적인 측면에만 있는 것은 아니다. 정치, 사회, 문화 측면의 불평등이 모두 경제적인 불평등 때문에 야기되는 것도 아니다. 물론 경제적 불평등이 가장 큰 논란거리인 것은 사실이지만, 경제적 불평등을 원천적으로 차단하겠다는 의도나 시도는 무모하다. 사람들의 역량에 차이가 있고, 관심이 서로 다르고, 추구하는 이상이 다른 점을 인정해야 한다. 불평등의 발생은 피할 수 없다. 문제는 유무의 문제가 아니라 정도의 문제이다.

비유하자면, 비가 너무 많이 와서 홍수가 나면 많은 사람이 피해를 입을 수밖에 없다. 부익부 빈익빈 현상이 심화되어 대다수 국민이 생활하기 어려운 상태가 되면, 이들의 저항을 막거나 민주주의를 지탱하기 어렵다. 체제의 정당성을 수긍할 사람이 없어지기 때문이다. 민주주의 국가들이 심각한 경제적 불평등을 개선하려 애쓰는 것은, 홍수를 막기 위해 댐을 건설하고 사방사업을 하며 강둑을 보강하는 것과 같은 이치이다. 비가 많이 오는 것을 막으려는 어리석은 짓을 하지 않는다. 부의 편중을 막고, 절대빈곤을 완화하기 위해 적절한 정책을 펴는 것은, 민주주의 국가의 중요한 역할 중 하나다. 경제적 불평등을 완전히 차단하는 것은 불가능하지만, 민주주의 국가들은 극심한 불평등을 개선하여 사회적 역동성을 높이려는 노력을 계속하고 있다. 복지정책의 확대가 대표적이다.

민주주의 국가들은 또 자유권이나 평등권과 마찬가지로 재산권을 보장하는 선에서 경제적 불평등의 온건한 시정을 추구한다. 공산주의 국가들은 완전히 다르다. 이들은 부의 강제적 재분배를 추구한다. 많은 재산을 가진 사람의 재산을 강제로 빼앗아 인위적으로 배분한다. 인위적 평등은 잠깐의 평등을 만들어낼지는 모르나, 장기적으로 모두가 가난해지는 부정적 평등을 초래하고야 만다.

중국이나 북한은 공산화되면서 부자들의 재산을 몰수하였다. 평등한 세상을 만드는 것처럼 보였지만, 불평등은 공산화 이전보다 심해지고 국가 경제는 침몰하였다. 사회적 역동성과 창의력이 죽어버린 탓이다. 오늘날의 중국은 공산당 일당독재의 사회주의 체제를 유지하되, 자본주의를 대대적으로 도입함으로써 경제가 살아난 것은 사실이지만, 사회적 경제적 불평등의 정도는 우리의 상상을 초월한다.

결론적으로 민주주의가 추구하는 평등은 '법 앞에 평등'이다. 다시 말하자면, 법의 영역이 아닌 부분에서 불평등은 자연의 순리임을 인정한다. 그러면서도 불평등이 민주주의 체제를 위협하는 수준에 도달하는 것은 사전에 막으려고 노력한다. 또 국민 개개인의 창의와 자발적인 노력을 진작함으로써, 누구나 자신의 이상을 더 잘 실현할 수 있는 여건과 환경을 만들어 주고 제공하는 데 역점을 둔다. 이런 과정을 통해 방치할 수 없을 정도의 불평등은 자연스럽게 해소되어 나가기를 기대한다.

평등은 거의 언제나 정의의 탈을 쓰고 나타나는 경향이 있다. 인간의 감정에 호소하기 위해서다. 그러나 곰곰이 생각해 보자. 완전히 평등한 사회가 더 좋은 사회일까? 내가 바라는 사회는 정말 완전히 평등한 사회인가? 자문해 볼 필요가 있다. 완전한 자유에서 방종을 보듯이 완전한 평등은 인간의 나태와 무기력을 불러들이고, 급기야 모두가 나락으로 떨어지게 만든다. 평등을 주창하는 공산주의의 사악함이 바로 여기에 있다.

13. 복지국가는 민주주의의 이상향인가?

"복지국가는 자유민주주의 국가인 우리나라가 도달해야 할 이상향인가?"라고 물으면, "아니, 그걸 질문이라고 하느냐?"고 반문할 사람들이 아주 많을 듯하다. 그만큼 선진 복지국가로 가는 일은 이제 기정사실로 널리 받아들여지고 있다. 복지가 '넉넉하게 사는 것,' 또 '모든 사람이 평등하게 잘사는 것'과 동의어로 이해되어서일까? 아니면 가난하고 힘든 사람들을 자기가 적극적으로 나서서 돕지 못하는데 국가가 나서서 돕는다니, 마음속 빚과 짐이 덜어지는 느낌이 들어서일까? 그 어떤 이유에서든 복지국가로 가는 길에 대한 절대적 지지는 이해할 수 있는 일이긴 하지만, 이 문제는 그리 간단하게 생각하고 넘길 대상이 아니다.

복지국가는 단순하게 [복지 + 국가]가 아니다. 자유민주주의 국가가 지향해야 할 이상향은 더욱이 아니다. "가난 구제는 나라도 못한다."라는 우리 속언이 있다. 이 속언에 고개를 끄덕이는 사람이라면 복지국가 지향에 의문을 품어 볼 법한데, 도무지 그런 것 같지 않다. 가난 구제가 국가의 책임이 아니라는 게 이 속언의 본뜻이 아니다. 남의 가난을 잠시 도울 수는 있지만, 그 일은 끝이 없는 일이라서, (평범한 개인은 물론이고) 나라의 힘으로도 구제할 수 없다는 뜻이다. "하늘은 스스로 돕는 자를 돕는다."는 미국 속언 역시 자구(自救) 노력의 우선성을 함축한 말이다. 어쨌거나 이런 속언들이 전해져 내려오는 것을 보아도 백성의 가난을 마냥 방치한 국가는 별로 없었다는 사실을 쉽게 확인할 수 있다. 폭정을 일삼는 극악무도한 독재국가들을 빼고는 가난한 백성의 구휼(救恤)이 선정(善政)의 중요한 표징이었다.

그러나 우리는 이런 국가들을 복지국가라고 부르지도 않고 더구나 그렇게 유형화하지 않는다. 복지국가라는 용어가 처음 등장한 것은 19세기 후반 유럽에서다. 산업혁명 이후 실업, 빈부격차, 그로 인한 사회불안 등 소위 자본주의의 폐단(이라는 것)들이 심각한 사회문제로 부각되면서 국가가 나서서 이런 문제들을 해결해야 한다는 주장이 힘을 얻기 시작했다. 오늘날의 복지국가의 모형을 제시한 효시(嚆矢)는 아무래도 1880년대에 독일의 철혈재상, 오토 폰 비스마르크(Otto von Bismarck)가 노동자 계층의 불만을 완화하고 사회주의 확산을 막기 위해 사회보험제도(건강보험, 연금보험, 산재보험)를 도입한 데서 찾아야 할 것이다. 그러나 국가를 사회경제 문제의 적극적인 해결자로 부각시키는 면에서 분수령을 이룬 것은 1930년대 대공황기에 미국의 프랭클린 루스벨트(Franklin D. Roosevelt) 대통령이 광범위하게 실시했던 뉴딜정책(New Deal)이다. 1945년 영국의 노동당 정부가 경제학자 윌리엄 베버리지(William Beveridge)가 제안한 〈베버리지 보고서〉(Beveridge Report)를 채택하여 실업, 빈곤, 질병 등의 문제를 해결하기 위한 실업보험 등 다양한 사회보장제도를 도입하면서 현대적 의미의 복지국가(welfare state) 모델이 만들어졌다.

특히 이 당시 영국에서는 페이비언(Fabian) 사회주의자들의 영향력이 매우 컸다. 점진적 제도개혁의 주창자였던 로마의 장군 파비우스(Fabius)의 이름을 딴 페이비언 사회주의자들은 사회주의를 추종하되 점진적 실천을 주장하는 일파였다. 1884년 시드니 웹(Sidney Webb), 베아트리스 웹(Beatrice Webb), 조지 버나드 쇼(George Bernard Shaw), 허버트 조지 웰스(H.G. Wells) 등이 주도해 창립한 페이비언 협회(Fabian Society)는 1900년 노동당(Labour Party) 창당에 핵심 역할을 하였고, 1918년에는 노동당 헌장에 '산업과 자원의 국유화'라는 사회주의적 원칙을 포함시키는 데 영향력을 행사하였으며, 마침내 1924년에 비록 단명에 그쳤지만 최초의 노동당 정부 수립에 성공하기도 하였다. 이들의 영향력이 최고조에 달한 것은 역시 1930년대 대공황기와 그 이후였다.

"국가를 국민의 집으로!," "개인의 성공과 관계없는 생활의 안

‘새로운 세계’를 건설하는 데 도움을 주는 페이비언 사회주의자들의 모습을 그린 스테인드글라스. 조지 버나드 쇼가 디자인하였다.

정을!,” “요람에서 무덤까지!” 등의 모토를 앞세운 페이비언 사회주의는 그러나 산업혁명의 중심지였던 영국에서보다도 북유럽 국가에서 더 큰 호소력과 영향력을 발휘하였다. 이유는 간단하다. 인구가 수백만 명에 불과한 국가들이다 보니, 이런 모토와 선전 구호들이 더 쉽게 먹혀들어 갈 수 있었다. 아무튼 유럽에서 주창되고 1930~40년대의 대공황기를 거치면서 뿌리를 내리기 시작한 복지국가론은 제2차 세계대전의 거대한 후유증을 치유해 나가는 과정에서 또 이 당시 인기를 끌었던 케인즈의 수정자본주의(modified capitalism) 이론─즉, 자유시장경제를 기본으로 하되 완전고용의 달성을 위해서는 정부가 재정정책, 통화정책을 활용해 적극적으로 시장에 개입하고 경제적 불평등의 완화를 위한 복지정책을 추구해야 한다는 이론─으로 탄력을 받았을 뿐만 아니라, 소련을 중심으로 세력을 펼치기 시작한 공산주의 이념에 대한 대응책으로서도 주목을 받으며 빠른 속도록 유포되었다.

이런 역사적 배경에 대한 검토를 통해 잘 알 수 있듯이, 복지국가는 핵심적인 국가이상(raison d'état), 더 나아가 국가의 존재이유로까지 주창되기에 이르렀지만, 복지국가는 자유민주주의 국가와는 근본적으로 다른 내용과 뿌리를 가진 새로운 국가관념이라고 말할 수 있다.

오늘날 자유민주주의 국가치고 복지정책 추진에 반대하는 국가는 하나도 없다. 그런데도 자유민주주의 국가는 마치 복지정책을 배격하는 것처럼, 또 오직 복지국가가 되어야만 복지를 중시하는 국가가 될 수 있는 것처럼 주장하는 사람들이 적지 않다. '누구나 잘사는 사회'는 복지국가만의 꿈이 아니다. 양자의 중대한 차이는 국민의 복지를 위해서라면 국민의 자유, 인권과 재산권을 침해해도 좋다고 생각하는지 아닌지에 있다. 복지 지상주의자들은 그렇게 생각하고 행동하지만, 자유민주주의자들은 국민의 자유, 인권과 재산권을 앞서는 가치는 없다고 믿는다. 우리는 앞장(제12장)에서 자유민주주의는 경제적 평등의 실현을 가장 중요한 국가 목표로 내세우지는 않지만, 국민의 자유, 인권과 재산권을 보장해 줌으로써 실질적인 면에서 어떤 공산주의나 사회주의 국가보다도 결과적으로 불평등이 적은 사회를 만들어가고 있다는 사실을 강조하고 강조하였다. 이런 이유로 복지 지상주의는 자유민주 사회를 전체주의 사회로 이끌어갈 '트로이의 목마'나 다름없다.

왜 자유민주주의자들은 복지 지상주의를 자유민주주의 체제에 대한 중대한 위협으로 간주하는가? 간단히 말해 국가가 모든 국민의 복지를 책임지겠다고 나서면, '국민을 위한다는 미명(美名)' 아래 국민의 자유와 권리가 야금야금 침해되는 나머지 결국은 국민이 사실상 국가의 처분이나 시혜(?)를 기다리고 바라보는, 노예와 다름없는 상태로 전락하고 말 위험성이 다분하다고 보기 때문이다. 복지국가의 이상은 국민과 정부 간의 주종관계가 뒤집히는 길로 이끌 위험성이 매우 높다고 보는 까닭은 무엇인가?

첫째, 복지국가의 이상을 추구하다 보면 중앙집권적이고 전체주의적인 국가계획의 추진이 불가피해진다. 중앙집권적 계획과 통제에 의존하는 국가운영은 점진적으로 또 필연적으로 사회주의화 경향을 강하게 띠게 된다. 둘째, 국민의 소유물(재산과 소득) 말고는 따로 가진 것이 없고, 자체적인 생산능력이라고는 거의 없는 존재인 국가가 더 많은 복지를 책임지고 점점 더 많은 복지 서비스를 제공하려면 더 많은 세금을 거두어가는 수밖에 없다. 셋째, 지원대상 서비스와 수혜자의 범위를 계속 확장해 나가다 보면, 필연적으로 개인의 자유와 재산에 대한 침해가 점점 더 깊어지고 심해진다.

공동의 사회목적을 구현한다는 평계로 국민 개인의 선택의 자유, 자유로운 재산권 행사에 점점 더 많은 제약을 가하게 되면 필연적으로 창의성과 역동성이 감소하게 될 것은 빤한 이치다. 그러면 경제의 성장과 사회의 발전은 둔화하거나 시나브로 정체 상태에 빠져들기 시작하여 복지정책을 이어나갈 자원이, 또 힘이 조만간 바닥을 드러내지 않을 수 없게 된다. 이것이 영국과 스웨덴을 비롯한 북유럽 나라들이 당도한 1980~90년대의 상황이다. 이런 귀결이 말해 주는 것은 무엇인가? 주객전도(主客顛倒)요 본말전도(本末顛倒)이다.

나 자신도 어떻게 해야 행복하게 살 수 있는지 잘 모르는데, 과연 국가가 나서서 나를 행복하게 만들어 줄 수 있을까? 국가가 국민의 행복을 책임지겠다고 나서는 순간, 국가의 역할은 계속해서 확대될 수밖에 없다는 사실을 결코 잊어서는 안 된다. 중앙집권적 계획과 통제에 따른 국가운영의 실패는 더 큰 계획과 통제로 이어지며 악순환을 반복한다는 게 역사적 경험이다. 이치는 간단하다. 국가가 파산할 지경에 이르면, 국민의 저항과 반발이 일어날 것이다. 하지만 '모두가 고루 잘사는 사회'의 건설이라는 높은 도덕적 고지(moral high ground)를 차지하고 있고, 법률에 근거해 국민의 자유와 권리를 야금야금 파먹어 온지라, 이들의 저항은 별 힘을 발휘하지 못한다. 더구나 대다수 국민은 복지의 달콤함에 취해 이내 들이닥치고야 말 국가적 재앙이 눈에 들어오지 않는다. 베네수엘라, 아르헨티나, 그리스 등 '퍼주기'에 여념이 없던 국가들이 하나같이 국가부도 사태에 빠졌거나 그 언저리를 맴도는 것이 현대 복지국가의 역사적 증언이다.

국가는 개인의 행복이나 복지를 책임지고 해결할 '용-빼는' 재주도, 능력도 없다. 마치 그런 것처럼 달콤하게 속삭이는 위정자나 정치인들은 사기꾼에 가깝다. 복지 혜택의 특성상 복지국가로 나가기는 쉬워도 되돌아서기는 매우 어렵다. 누가 한번 받은 것을 다소곳이 내어놓으려 하겠는가? 복지국가의 역사는 이 점을 명확하게 증명해 주고 있다.

초기의 복지국가 모델은 취약계층에 대한 최소한의 사회안전망 제공을 목표로 삼았다. 어느 사회에서든 경쟁에서 낙오하여 어려움을 겪고 고통을 받는 계층은 있기 마련이므로, 이들을 부조하는 일은 사회와 국가의 당연한 의무로 이해되었다. 이와 같이 취약계층 지원에 초점을 맞춘 복지를 **선택적 복지**라고 부른다. 복지정책의 대상자가 특정적이고 제한적이라는 의미에서다. 선택적 복지는 국가의 재정 능력으로 감당할 만하고 국민의 동의 아래 추진되는 것이라면, 크게 문제 삼을 것이 없다. 복지국가의 실현을 이상으로 삼지도 않을뿐더러 국가의 도움을 받을 만하다고 인정된 소수의 사람을 대상으로 한정적으로 도움을 주는 데 그치기 때문이다.

이에 비해 오늘날 많은 사람이 이해하고 있거나 막연히 기대하는 복지국가는 선택적 복지가 아니라, 사실상 모든 국민의 삶을 돌보는 그야말로 전면적인 차원의 복지국가 실현이다. 이것을 **보편적 복지**라고 부른다. **선택적 복지로부터 보편적 복지로의 개념 전환은 보통 일이 아니다.** 보편적 복지는 필연적으로 복지국가의 실현을 이상으로 삼도록 만든다. 사태가 이 지경에 이르면 되돌리기가 쉽지 않다. 이성적인 사람들이 심각한 우려를 표명하고 반대하겠지만 이들의 비판과 반대는 부도덕하고 반사회적인 처사로 공격을 받기 쉽다. 전체의 이익을 위해 일부 국민의 자유를 제약하고 이익을 희생하는 것은 부득이하다는 전체주의적 발상이 판을 치고, 그러면 국가권력에 채워졌던 '제한적 정부'의 족쇄는 하나둘 풀려나가고 만다.

복지국가의 역사를 훑어보면 선택적 복지 개념에서 보편적 복지 개념으로 전환하는 것은 단지 시간문제였음을 쉽게 알 수 있다. 이유는 간단하다. 누구나 내기는 싫어하지만 받기는 좋아하기 때문이다. 더구나 국민의 이런 성향을 잘 아는 정치인들이 이 심리를 너무나도 교묘하게 이용해 왔기 때문이다. 민주주의 국가에서 국가가 더 많이 베풀도록 하겠다는 선거공약은 투표자들의 귀를 솔깃하게 만들기에 충분하다. 지금 누리는 달콤함이 장차 무거운 짐이 되고 악몽으로 되돌아올 것은 내다보지 못한다. 자기만이 책임질 일도 아닌지라 모르는 척 눈을 감기 쉽다. 다음 장(제14장)에서 자세히 살펴보겠지만, 포퓰리즘이 무섭고 쉽게 고치기 어려운 병인 이유가 바로 여기에 있다.

선택적 복지든 보편적 복지든, 복지 프로그램은 공짜인 게 없다. 국가사회 전체가 대가를 치러야 한다. 어려운 사람에게 이익만 돌아가는 것도 아니고, 모든 국민의 행복이 증진되기만 하는 것도 아니다. 복지 프로그램은 국가가 정한 조건에 합치된 국민들에게 돈을 직접 주기도 하고, 직접적으로 서비스를 제공하기도 한다. 여기에 막대한 돈이 들어간다. 국가가 쓸 수 있는 돈은 세금을 더 거두고 그마저 쉽지 않으면 국가부채의 형태로 빌리는 수밖에 없다. 세금 부과는 사회가 그만한 부를 창출할 능력이 있어야 가능하고, 부채는 차후에 누군가 돈을 벌어서 갚아야 한다는 점에서 미래세대에게 짐을 떠넘기는 꼴이다. 현세대의 복지를 위해, 지금 잘 먹고 살기 위해 미래세대의 희생을 강요하는 일이 과연 옳은 일인가? 자식을 가진 부모가 간단히 생각할 수 있는 문제인가?

복지 프로그램의 확대에 따라 국가재정은 고갈되며 위기 상황을 향해 치닫기 쉽다. 복지를 위한 재정지출은 확장하기는 쉬워도 줄이기는 거의 불가능하다. 반면 늘어가는 재정지출에 충당할 세수는 경제 상황과 여건 변화에 따라 크게 감소할 수도 있으니 적자재정과 국가부채의 누적은 정해진 일이나 다름없다. 재정적자와 국가부채의 누적은 국가적 재앙의 도래를 예고하지만, 파국을 향해 달려가는 기관차를 멈춰 세울 방법은 거의 없다. 정치적으로 불가능에 가깝다. 각종 복지 프로그램에 맛을 들일 대로 들인 국민에게 복지를 줄이겠다는 선거공약을 내걸 정치인을 현실 세계에서는 찾기 어렵다.

이런 여러 위험에도 불구하고 굳이 복지 프로그램을 시행해야 한다면, 경제 규모와 여력을 감안하고, 또 미래에 대한 충격을 고려하는 범위에서 조심스럽게 꾸려가야 한다. 이것이 당위이다. 분수에 넘치게 복지 프로그램을 확대하기 시작하면, 얻는 것보다 잃는 것이 많을 공산이 크다. 우리나라의 국민연금이나 건강보험에서 보듯이, 본인의 의사와 상관없이 가입이 강제되고, 정부의 일방적인 규칙과 규제에 따라 가격(요금)이 정해지고 서비스 내용과 수준이 결정되면, 경제사회는 획일성과 경직성의 늪에 빠지게 된다. 국민의 편에서는 자기의 재산으로 자신의 처지에 맞는 보험이나 연금을 선택할 권리가 제약된다.

국가가 주도하는 각종 복지 프로그램의 시행에 따라 치러야 하는 대가는 이것만이 아니다. 그 가운데서도 가장 심각한 문제는 아마도 건전한 국민정신의 쇠퇴일 것이다. 복지제도가 발달하면 많

미국 루스벨트 대통령이 사회보장법에 서명하고 있다.

은 국민이 복지 서비스의 수혜를 당연한 권리로 여기는 데서 한 걸음 더 나아가 국가가 충분하고 적절한 서비스를 제공하지 못한다고 불평하게 만든다. 개개인이 책임져야 할 문제를 스스로 해결하려 하지 않고 '사회의 책임'으로 떠넘기려는 사고방식에 자기도 모르게 젖어 들어가게 된다. 자신의 자유의지로 도전적으로 자기 문제를 해결하기보다는 사회의 탓, 남의 탓으로 돌리는 책임회피의 정서가 늘어난다. 놀랍게도 이런 정부의존적 사고방식과 남을 탓하는 습관은 매우 빠르게 자리 잡는다.

복지 프로그램의 확산이 일으키는 착각과 착시 현상은 한둘이 아니다. 복지 프로그램이 일반화되면, 국민은 정부가 일방적이고 획일적으로 정한 보험이나 연금에 강제로 가입하지만, 미래의 보장된 소득은 시민들의 장기적인 행동 유인에 변화를 초래한다. 미래에 일정 소득이 보장되고 있다는 사실은 기대 소득의 증대를 의미하고, 이것은 마치 생활이 풍요로워진 살기 좋은 나라에 사는 기분이 들게 만든다. 이렇게 들떠 일어나는 과잉 소비 풍조는 복지 서비스의 혜택으로 삶의 풍요를 누려 보려는 의존적 문화가 자라도록 만드는 반면에, 자신의 도전과 노력으로 새로운 것을 성취하려는 욕구, 도전정신이나 책임의식의 쇠퇴를 부른다. 공공적인 시민정신도 크게 약화된다.

이것의 대표적인 예가 경제사회적 약자들에 대한 시민들의 동정심의 약화이다. 자연스레 자선 행위에 인색해진다. 약자에 대한 복지는 국가가 책임지는 일이므로, 자신이 신경 쓸 문제가 아니라고 자위(自慰)하게 된다. "국가는 무얼 하는 거야?" 하고 불평을 늘어놓으며, 민주시민으로서 져야 할 자랑스러운 책임은 내팽개치기 쉽다.

복지국가 실현의 중요한 목표 중 하나로 국민통합, 혹은 국민 간의 위화감 해소가 흔히 거론되지만, 실제는 이와 반대일 가능성이 더 높다. 왜 그런가? 예를 들어 정부가 노인복지를 위해 틀니를 보조해 주기로 했다고 하자. 그러면 이가 나쁜 노인들은 좋아하겠지만, 귀가 나쁜 노인들은 보청기 보조를 안 해준다고 불평하기 마련이다. 이러다 보면 노인복지 지출은 걷잡을 수 없이 확대되는데, 이를 감당해야 할 젊은이들의 생각은 어떨까? 바로 이런 이유로 복지국가는, 아이러니하게도, 국민통합이 아니라 국민의 정서적 분열을 조장하기 쉽다. 이렇게 볼 때, 참으로 역설적이며 모순투성이인 것이 복지국가의 이상이다. 제2차 세계대전 후 20~30년간 복지국가의 길로 매진했던 서구 선진국들이 오늘날 예외 없이 '복지국가로부터 후퇴'(retreat from welfare state)의 길을 빠르게 걷고 있는 것은 복지국가의 아이러니와 모순을 처절하게 깨달았기 때문이다. 자유민주주의와 시장경제 체제의 원리에 충실하는 길 말고는 이런 모순과 부조리의 치유 방법이 없다는 결론에 이르렀기 때문이다.

서구의 복지 선진국들은 복지국가의 행정이 얼마나 복잡하게 꼬일 수 있는지도 잘 보여주었다. 복지행정은, 전통적인 법과 질서를 중심으로 하는 행정과는 달리, 서비스 제공이 중심이 된다. 고도의 기업 경영적 마인드가 요구되는 수많은 복지 프로그램을 국가기관이 운영하기 시작하면, 정부 관료제 조직에 나타나기 마련인 경직성과 형식주의가 만연하게 된다. 각종 비능률은 말할 것도 없고, 친절이나 편리성과는 거리가 멀어지기 쉽다. 이런 문제점들을 고려하여 종교기관 또는 비영리 자선기관 등에 위임하거나 민간 부문을 동원하기도 하지만, 관청의 감독과 간섭이 초래하는 문제점들을 비켜갈 수 없다.

이유는 간단하다. 복지정책 프로그램은 운영자의 선한 의도를 가정하지만, 이 가정은 매우 비현실적이다. 국가기관이 직접 관장하든, 민간기관이 대행하든 마찬가지다. 복지 시스템 자체가 부정과 부패의 복마전으로 변모될 가능성이 아주 크다. 미국 등 선진국에서도 복지 지출의 약 20~30%가 각종 부조리와 부패로 줄줄 새는 것으로 보고되는 정도이니, 더 말해 무엇하랴.

다시금 강조하거니와 복지국가는 민주주의의 이상향이 아니다. 여러 이유로 가난에 시달리고 경쟁에서 낙후되어 어려움을 겪는 사람들을 도와주는 사회부조 차원의 복지정책은 당연히 필요하지만, 보편적 복지로 모든 국민의 행복을 보증할 것처럼 떠들어대는 복지국가 이론의 허황한 약속에 속아 넘어가면 안 된다. 부분의 논리와 전체의 논리가 항상 같이 가지는 않는 법이다. 개인적으로 생각해 보면 좋은 일일 수 있으나, 국가 전체적으로 보면 수많은 문제점이 도사리고 있다. 무엇보다도 복지국가는 정부계획과 통제에 의존하지 않을 수 없다는 사실을 가볍게 여기면 곤란하다. 복지 프로그램의 무분별한 확산은, 의도는 좋지만, 의도하지 않은 또 예측하지 못한 많은 부작용과 역효과를 양산한다는 사실을 명심하지 않으면 안 된다.

경제적 불평등, 급속한 노령화 등으로 인해 복지 확대를 요구하는 시대의 요청과 대세를 회피하기는 불가능하다. 그러나 복지는 조금씩, 역량에 맞게, 현실을 개선하는 방안으로서의 복지여야 한다. 그래야 복지가 자유민주주의의 이념과 공존하고 병행할 수 있다. 비현실적이고 비합리적인 이상의 추구는 결과적으로 더 나은 사회를 향한 진전을 멈추거나 후퇴하도록 만들 뿐이다. 현대 복지국가의 역사는 이 점을 명백히 증거하고 있다. 역사로부터 배우지 못하는 국민만큼 어리석은 국민은 없다.

14. 포퓰리즘, 왜 무서운가?

"국민의 불만을 해소하려고 노력해야 민주정부 아닌가요?" "국민이 원한다는데 더 무슨 말이 필요합니까?" 이런 말과 표현들은 포퓰리즘(populism)이라는 민주주의의 대표적인 병리(病理) 현상이다. 예컨대 무상급식, 무상보육, 무상의료, 반값 대학 등록금 등 무상 시리즈 복지정책은 대다수 국민이 원하고 좋아한다는 이유로 졸속 도입되었으나, 시행 과정에서 재정 부담, 의료 과소비, 대학 재정의 열악화 등 심각한 문제점들을 노정하고 있다. 그럼에도 불구하고 깊이 생각해 보는 사람들은 많지 않고, 언론이나 정당들도 뒤늦게 서로 '네 탓' 타령은 할지언정 폐지나 대대적 개혁을 주창하지 않는다. 왜 그럴까? 무엇보다도 포퓰리즘과 진정한 민주주의의 경계선이 흐릿하기 때문에 어떤 정책과 제도가 포퓰리스트(populist) 정책이고 제도라고 단정해서 말하기가 힘들고, 그랬다가는 무슨 몰매를 맞을지 몰라 두려워서일 것이다.

그러나 포퓰리즘과 민주주의는 엄연히 다르다. 포퓰리즘은 대중의 인기에 영합하는 혹은 대중의 요구와 압력을 무조건 수용하거나, 능동적으로 대중의 무리한 욕망을 자극하고 선동하여 정권(혹은 정당)에 대한 지지를 이끌어내고 유지하려는 다양한 유형의 정치적 시도들을 널리 포괄한다.

포퓰리즘은 일반적으로 정치적, 경제적, 문화적 유형으로 구분한다. 첫째, 정치적 포퓰리즘은 대중의 정치적 불만을 근거로 기존 정치 엘리트나 체제를 비판하고, 대중이 원하는 것을 충족시킬 것을 약속하는 형태로 이루어진다. 미국의 도널드 트럼프와 브라질의 자이르 보우소나루가 대표적인데, 이들은 기존 정치 엘리트와 대립하는 '반체제'적 입장에 서서 기존 정치 질서를 허물고 새로운 질서를 확립하겠다는 메시지를 강조한다.

둘째, 경제적 포퓰리즘은 주로 경제적 불평등 문제, 그리고 그로 인한 사회적 불만을 해소하겠다는 약속을 통해 대중의 지지를 확보하는 유형이다. 빈부격차가 심화된 사회에서 부유층이나 대기업을 강하게 비판함과 동시에 사회경제적 약자를 위한 각종 혜택을 내세운다. 베네수엘라의 우고 차베스가 대표적인데, 그(와 그의 후계자들)는 '부유층 대 빈곤층' 구도를 형성하고, 사회경제적 약자를 위한 파격적이고 극단적인 복지정책을 추구함으로써 자원부국임을 자랑하던 나라를 세계에서 가장 가난한 나라로 전락시켰다.

셋째, 문화적 포퓰리즘은 특정 문화나 민족 정체성을 강조하며, 외부 세력이나 다문화주의를 비판하는 형태로서 국가주의적 요소가 강하며, 특정 집단이나 외부 세력이 국가의 문화적 동질성을 위협한다고 주장해 대중의 공감과 지지를 얻어내는 유형이다. 헝가리의 빅토르 오르반과 이탈리아의 마테오 살비니가 대표적이다.

포퓰리즘은 또 좌파 포퓰리즘과 우파 포퓰리즘으로 구분하기도 한다. 먼저 좌파 포퓰리즘은 주로 자본주의 체제를 비판하고, 사회적 불평등 해소와 약자 보호를 강조함으로써 노동자, 농민, 빈곤층의 압도적 지지를 이끌어내는 유형이다. 경제적 불평등 해소를 지상목표로 내세우고 서민복지 확대, 국유화 정책, 최저임금 인상, 노동자 권리 보호 등 경제적 포퓰리즘에서 흔히 보는 정책수단들을 동원하는 경향이 강하다. 베네수엘라의 우고 차베스와 볼리비아의 에보 모랄레스가 대표적이다.

한편 우파 포퓰리즘은 주로 보수적 가치와 전통적 규범을 강조하며, 반이민, 반다문화주의, 반지성주의, 국가주의적 성향이 강한 편이다. 글로벌리즘이나 진보적 가치들을 부정적으로 보고 비판하며, 대중의 실질적 요구를 앞세워야 한다고 주장한다. 미국의 도널드 트럼프, 영국의 나이젤 패라지가 대표적이다. 이들은 반이민, 반다문화주의를 내세우며 기존 엘리트층을 거세게 비판하면서 대중의 지지를 모으는 전략을 쓴다.

위의 어떤 유형에 속하든 포퓰리즘은 정치적, 경제적, 사회적 불만을 해결하기 위한 정치적 대응이라는 측면에서는 어느 정도 이해될 수 있는 면이 없는 것은 아니지만, 그 해악은 너무나 크다. 포퓰리즘은 대중영합주의적인 정치인들(populists)이 애용하는 정치전략이다. 이들이 노리는 것은 국가권력의 획득과 기왕에 차지한 정권의 유지이다. 정책의 현실 타당성, 합리성, 중장기적 결과 따위는 안중에 없다. 국민의 인기를 끌어 권력을 잡고 권좌를 유지해 나갈 수만 있다면 민주주의의 이름을 팔아 무슨 일이든 할 준비가 되어 있다.

2024년에 나온 『넥서스』(Nexus)라는 책에서 유발 하라리(Yuval Harari)는 이렇게 말했다. "포퓰리스트들은 흠잡을 데 없어 보이는 민주주의 원리를 바탕으로 전체주의적 목표인 무제한적인 권력 추구를 정당화하는 기발한 정치적 연금술을 부린다. 이것이 어떻게 가능할까? 포퓰리스트들의 가장 놀라운 주장은 자기들만이 진정한 국민의 대변자이므로 자기들의 정당이 모든 권력을 가져야 한다는 주장이다. 다른 정당이 선거에서 승리했다고 해서 그 정당이 국민의 신임을 얻었고 정부를 구성할 자격이 있다고 보지 않는다. 오히려 이는 선거가 조작되었거나, 국민이 속아서 자기들의 진정한 의사를 반영하지 못해 잘못 투표한 결과라고 억지를 부린다. 여기서 강조하고 싶은 점은, 많은 포퓰리스트가 선전 전략상 이렇게 말하는 게 아니라 정말로 그렇게 믿는다는 사실이다. 이들은 표를 많이 얻지 못해도 여전히 자기들만이 국민을 대변한다고 믿는다." 이보다 포퓰리스트들의 병리적 심리 상태를 더 정확히 표현해 내기는 힘들다.

그러면 전체 국민을 대변한다는 이들이 추진하는 정책과 제도는 과연 얼마나 잘 국민의 불만과 분노를 잠재우고 국민의 삶을 실질적으로 개선하고 향상해 줄까? 일시적으로는, 당장에는 그럴 수 있을 것처럼 보일지 모르나 그것은 잠깐의 착시일 뿐이다. 그 이유는 포퓰리즘의 본질 속에 있다.

첫째, 포퓰리즘의 가장 큰 본질이자 문제점은 정치적 무책임이다. 포퓰리스트 정권은 기존 체제에 대하여 불만이 가득한 대중의 대변자를 자처하면서 불만층의 절대적 지지를 얻어 정권을 획득해 포퓰리스트 정책을 밀고 나가지만, 이런 정책들이 만들어내는 심각한 문제들, 즉 재정 파탄, 편가르기로 인한 사회적 갈등의 격화 등에 대하여 진정으로 정치적 책임을 진 경우를 찾기 어렵다. 왜 그럴까? 이런 성격의 정책들이 소기의 성과를 거두기는커녕 더 크고 복잡한 문제들을 만들어내는 것을 목도한 국민이 반대편으로 돌아서고 그래서 재집권에 실패하는 경우가 많기 때문이다. 이와는 반대로 포퓰리즘이라는 정치적 연금술의 귀재가 되어 달콤한 약속으로 국민을 끝없이 속이면서 장기 집권에 성공하는 경우도 제법 많다. 하지만 이들은 베네수엘라를 비롯한 여러 정권에서 보듯이 나라를 파멸로 이끌고야 만다.

포퓰리스트 정권이 실패하는 이유는 간단하다. 복잡한 사회적, 경제적, 정치적 문제에 대해 너무나 단순하고 직접적인 해결책을 들고 나오기 때문이다. 예컨대 실업 문제를 해결하기 위해 '국내 일자리 보호'를 내세워 보호무역정책을 강화하거나, 경제 불황을 타개하기 위해 '부유층에 대한 세금 인상'을 약속하는 식이다. 직관적으로 어필하는 면이 있어서 정치적 지지를 모으기는 쉬우나, 장기적으로 해결해 나갈 수밖에는 없는 구조적인 문제들을 이렇게 단순하고 간혹 단기적으로만 쓸 수 있는 정책수단을 통해 손쉽게 해결해 나갈 수는 없는 일이다.

둘째, 포퓰리즘은 일반 대중에 대한 선동과 동원에 기초한다. 그런 면에서 직접민주주의적 색채가 매우 강하고(제17장 참고), 종국에는 반민주적이고 권위주의적인 체제로 역행할 가능성이 농후하다. 서문에서도 언급하였듯이, 여기서 권위주의적 체제란, 토크빌의 '연성 독재'와 유사한 개념이다.

'연성 독재'는 국가가 개인의 생활에 대하여 더 많은 책임을 진다는 이유로 국민이 정부의 간섭을 당연하게 여겨 자기들의 자유 영역이 줄어드는 것에 별로 상관하지 않는 정치적 무관심 상태에 빠지는 반면 이를 기화로 집권자가 국가의 지배력과 통제력을 강화하고 독재화하는 것을 말한다. 현대의 포퓰리즘을 아직 알지 못한 토크빌은 이런 현상을 민주주의가 불러오는 '개인의 공적 삶에서의 후퇴'(the retreat of individuals from public life)라는 말로 표현하였다.

포퓰리즘이 '연성 독재'로 이어지는 과정에서는 일반적으로 ① 국가의 위기 극복을 약속하는 카리스마형 지도자가 출현하고, ② '민중 대 엘리트(혹은 부패하고 무능한 기득권층)'라는 이분법적인 대립 구조 아래 가상의 적들을 만들어내 공격하며, ③ 의회, 사법부, 언론과 같은 민주주의의 견제 장치들의 기능을 약화시킴으로써 자기를 중심으로 한 권력의 집중과 강화를 추구하는 등의 현상이 나타난다.(서문 참고)

요컨대 포퓰리즘은 대중을 정치적으로 동원하고 다수결의 원리(제18장 참고)를 근거로 내세우기 때문에 더 민주적인 듯 보일 수 있지만, 실제로는 카리스마형 지도자(집권자)에 대한 의존성을 키운다. 또 단기적으로는 민중에게 혜택을 주는 것처럼 보이지만, 장기적으로는 국민의 삶을 과도하게 지배하고 통제하는 체제로 이행해 간다. 이런 면에서 포퓰리즘은 민주주의가 반민주적이고 권위주의적인 체제로 변질되고 퇴화되어 결국은 뿌리에서부터 썩어 나가게 만드는, 민주주의의 무서운 해독이다.

이와 좀 다른 각도에서 보면 포퓰리즘은, 토크빌이 같은 책에서 즐겨 사용한 '다수의 폭정'(tyranny of the majority) 개념과도 밀접한 관련이 있다. '다수의 폭정'은 ① 다수가 지지하는 의견이 절대적인 권력을 가지는 반면, 반대의견이나 소수집단의 권리는 쉽게 무시하거나 배제하는 현상, ② 다수 대중의 요구가 법치주의와 권력분립을 통해 견제되지 못하는 현상, ③ 다수의 의견, 즉 여론이 형성되면 개별 시민이 소신을 밝히기 어려워지고, 다수의 의견에 동조해야만 하는 억압적인 사회 분위기가 형성되는 현상 등을 포괄하는 개념이다. 토크빌은 이러한 현상들이 민주주의의 가장 큰 위험요인이라고 지적하였다.

실제로 포퓰리즘이 대중 독재로 이어진 사례로는 ① 국민의 불만을 바이마르 공화국 정부의 엘리트들, 유대인, 공산주의자 등 특정 집단한테 돌리고 '독일 국민의 뜻'이라는 명목으로 유대인과 반체제 인사들을 탄압하며, 다수 독재의 형태로 발전했던 히틀러의 나치당, ②'국민의 뜻'을 앞세워 기업 국유화, 사법부 개편, 언론 통제 등의 조치를 단행하여 대중의 지지를 받고, 시간이 지나면서 다수 대중의 요구에 따라 독재적인 통치 구조를 형성했던 베네수엘라의 차베스와 마두로 정권을 들 수 있다. 이런 예들에서 볼 수 있듯이, 다수의 의견이 소수의 자유를 침해하는 순간, 또 소수자의 권리 보호, 법치주의, 권력분립 등 민주주의의 핵심 원리와 원칙들, 그리고 사법부와 언론 등의 견제장치가 무너지는 순간, 민주주의는 힘없이 다수 독재로 변질되고 만다.

현대 포퓰리즘의 원형이라고 할 수 있는 페론주의(Peronism)를 보아도 이런 사실을 재확인할 수 있다. 아르헨티나의 후안 페론은 1946년 쿠데타에 가담하여 노동부장관을 하다 노동계층의 절대적 지지에 힘입어 1951년에 대통령의 권좌에 올랐다. 그는 수입통제 등의 폐쇄적인 대외 경제정책, 노동임금의 대폭 인상, 각종 산업의 국유화 등 대중영합적인 정책을 쏟아내며 말 그대로 노동자 천국의 시대를 열었지만, 그 '천국'이 지옥으로 변하는 데는 오랜 시간이 걸리지 않았다. 20세기 초만 해도 풍부한 자원과 농축산물 수출 등으로 세계 5위의 경제대국이었던 아르헨티나는 세계 대공황의 여파, 또 페론의 급진적 개혁의 실패로 1958년에 처음으로 국가부도를 당한 후 지금까지 7차례나 국가부도 사태에 빠졌고, IMF 구제금융을 22차례나 받는 디폴트(default) 단골 국가의 오명을 뒤집어쓰고 있다.

유사한 예는 그리스에서도 반복되었다. 그리스의 공무원 등 공공부문 종사자들은 급여의 95%를 연금으로 수령하고, 60세 이전에 은퇴해도 급여의 80%를 연금으로 받는 연금 천국, 전 국민이 무료 의료보험 혜택을 누리는 복지 천국을 자랑했다. 그로 인해 재정지출은 가파르게 늘어나는 데 비해, 고질적인 탈세 문화와 비효율적인 세금 징수 체계로 인해 세수는 줄어들었다. 그런 상태에서 유로존(유로화를 사용하는 국가들의 경제 공동체) 가입에 따른 막대한 차입으로 금융위기와 경기 침체를 겪게 되어 국가부채는 더 빠르게 증가하였다. 2009년 10월에 취임한 파판드레우 총리는, 전임 정부는 재정적자가 GDP의 6%라고 발표했으나 실제 재정적자는 GDP의 12.7%에 달한다는 사실을 폭로하였다.

이후 국가신인도가 급락하면서 채권시장에서 자금 조달이 어렵게 되자, 그리스는 국제통화기금(IMF)과 유럽연합(EU), 유럽중앙은행(ECB)으로부터 2010년에 첫 번째 구제금융(1,100억 유로)을 지원받았다. 그러나 구제금융 지원조건인 긴축정책의 시행으로 실업률이 20% 넘게 급상승하자 국민의 반발이 거세졌고, 이를 이겨내지 못한 파판드레우 총리는 2015년 1월 사임하였다. 이어진 총선에서 긴축정책을 반대하는 정당이 승리했지만, 몇 달이 못가 그리스는 디폴트 사태에 다시 빠졌다. 7월에는 'EU와 IMF가 제안한 긴축안을 수용할 것인가?'를 묻는 국민투표가 실시되었는데 투표자의 62%가 '아니오'라고 답했다. 과반수를 훌쩍 넘는 국민이 여전히 정신을 차리지 못하고 긴축정책을 반대한 것이다. 그럼에도 궁지에 몰린 그리스는 결국 EU의 요구를 수용하지 않을 수 없었고, 2018년에 3차 구제금융 프로그램에서 졸업하긴 하였으나, 여전히 높은 국가부채와 실업률 등으로 신음하고 있다.

대중영합주의 정책으로 국가를 파탄 낸 더 분명한 사례는 베네수엘라이다. 차베스 정권이 복지 확대를 위해 실시한 무수한 대중영합주의적 복지 프로그램들은 마두로 정권으로 이어지면서 정권의 유지에는 기여하였지만, 급기야 국가 파탄을 자초하고 말았다. 심각한 기아에 시달린 나머지 한 세대가 지나기 전에 국민의 평균 체중이 10Kg이나 줄어들었을 정도라니 더 할말이 없

군중집회에서 연설하고 있는 아르헨티나의 페론 대통령.

다. 근년에 들어 매우 빠른 속도록 복지지출이 증가하고 있는 우리나라도 상당한 수준의 경제성장이 뒷받침되지 않는다면, 언젠가 이들 나라의 전철을 밟지 않으리라는 보장이 없다.

　포퓰리스트 지도자들은 선동의 귀재들이다. 선동이 잘 먹혀들게 하려면 국민의 마음속에 숨어 있는 열망, 시기와 질투, 분노에 불을 붙이면 좋다. 포퓰리스트들은 이 분야의 기술자들이다. 디지털 미디어와 소셜 네트워크가 발달한 오늘날 소셜 미디어는 포퓰리스트 지도자들이 대중과 직접 소통하며, 대중이 즉각적으로 반응하고 동원될 수 있는 환경, 또 객관적으로 검증되지 않은 메시지들이 빠르게 퍼지고, 대중의 분노와 불만을 자극함으로써 이들의 선동이 더 잘 먹혀들어 갈 수 있는 환경을 제공하고 있다.

포퓰리스트 정권의 선심성 정책은 달콤한 사탕과도 같다. 한번 입에 물면 도무지 뱉어내고 싶지 않게 된다. 자기의 부담은 적어 보이고 이득은 크게만 보이니, 단기적으로는 '퍼주기'를 마다하는 사람이 거의 없다. 처음에는 반대 입장에 섰던 사람들조차 자기도 모르는 사이 달콤함에 맛을 들여간다.

그러나 포퓰리스트 정책이나 프로그램들은 지속 가능하지 않다. 이런 포퓰리스트정책과 사업들로 인한 심각한 문제를 해결하기 위해서는 긴축재정, 통화 긴축, 급격한 증세(增稅) 등 그야말로 '뼈를 깎는' 근본적인 개혁이 필수이지만, 국민은 허리띠를 졸라맬 생각을 하지 않는다. 개혁 조치에 반감부터 갖고 백안시하거나 신경질적인 반응부터 보인다. 자신이 누리는 혜택이 어느 사이 혜택이 아니라 청구권, 기득권이 되어버렸기 때문이다. 심지어 기득권을 더 크게 누리는 것처럼 보이는 다른 사람들에 자신의 처지를 빗대면서 자신의 수혜 축소를 억울한 강탈로 여긴다. 누구도 국가 파탄의 책임을 지려고 하지 않는다. 그것을 자신이 해결할 문제로, 자신이 책임져야 할 문제로 보지 않는다.

이것은 중병(重病) 환자의 병적인 사고와 행태라고밖에는 달리

말할 수 없는데, 국민은 자기가 중병에 걸려 있다는 사실조차 자각하지 못한다. 일차적 주범은 무책임한 정치인들이지만, 이들의 선동에 미혹되어 이들을 찬양하고 동조하고 추종한 대다수 국민에게 책임이 없다고 말할 수 있을까? 그런데도 국민은 남 탓하기 바쁘다. 구제불능 상태에 빠진 아르헨티나에서는 지금도 반미 시위, 반IMF 시위가 그칠 새가 없다. 이런 면에서 **포퓰리즘은 늪이고 수렁이다. 한번 빠지면 빠져나오기 힘들다.**

포퓰리즘이 야기하는 민주주의의 위기에 잘 대처하기 위해서는 기성 정치가 대중의 불만, 특히 경제적 불평등을 이유로 한 불만을 진지하게 받아들여야 하며, 경제사회적 불평등을 줄이고 공정한 기회를 보장하기 위해 최대한의 노력을 기울이고 있다는 평가를 받을 수 있을 만큼 신뢰를 회복해야 한다. 그래야 민주주의에 대한 신뢰 기반을 폭넓게 유지해 나갈 수 있고, 사악한 포퓰리즘에 효과적으로 맞설 수 있다.

15. 정책은 여론을 따라가야 하는가?

국가의 정책은 일반적으로 형성-결정-집행-평가의 단계를 거친다. 성공적인 정책들은 유지 또는 승계되고, 그렇지 않은 정책들은 표류 또는 종결되기도 한다. 이와 같은 생명주기 속에서 정책은 다양한 참여자와 제도, 그리고 환경의 영향을 받는다. 대내적으로는 행정부, 입법부, 사법부, 정당, 시민단체, 기업가 및 경영자 단체, 노조 같은 이익집단, 언론 및 여론, 그리고 그 나라 고유의 제도와 문화의 영향을 받는다. 또 세계화의 확산에 따라 국제규범과 조약, 국제기구, 다국적 기업 및 외국 정부의 영향에서도 자유롭지 않다.

이처럼 다양한 정책참여자들의 역할과 범위는 정책 과정 단계별로 다르다. 시대적, 공간적으로 차이는 있지만 정책형성 단계에서는 국회를 비롯한 국가기관이나 공공기관 외에도 시민단체,

이익단체, 그리고 여론의 영향을 많이 받는다. 국제기구나 규범 등의 영향도 무시할 수 없다. 반면에 정책결정 단계 및 집행 단계에서는 여전히 국가 및 공공기관의 독점적 권한이 강한 편이다. 한편 정책평가 단계에서는 다시 다양한 행위자들이 참여하게 된다. 물론 이러한 정책 단계에 따라 참여자들을 구분하는 게 일반적이지만, 현실 세계에서는 단계 간의 구분이 모호한 경우가 많고, 여러 행위자들 간에 중층적, 순환적 관계가 형성되기도 한다.

그러면 정책의 형성 및 결정 단계에서 정부는 얼마나 많이 국민의 목소리, 즉 여론에 귀를 기울여야 하는가? 민의(民意) 또는 여론을 공공정책으로 집약해 가는 과정이 민주정치인 것이 사실이지만, 여론에 따르기만 하면 민주정치가 잘 이루어진다고 볼 수만은 없다. 그런 측면에서 이 질문은 의미가 있다. 일반적으로 여론은 양면적 속성이 있다. 즉 여론은 민주주의의 꽃이기도 하지만, 때로는 그 변덕스러운 성격으로 인해 중우정치(衆愚政治)로 흐르거나 포퓰리즘(제14장)의 나락으로 떨어지는 원인이 될 수도 있다. 이러한 이유로 민주주의 국가에서 정책과 여론 간의 관계를 두고 많은 논쟁이 있어 왔는데, 이를 크게 하향식, 상향식, 통합적 시각으로 나누어 볼 필요가 있다.

먼저 하향식 시각은 국민 여론은 감성적이고 즉흥적이어서 분위기에 휩쓸리기 마련이고, 특정사안에 과잉 반응하기 쉬워 일관되고 합리적인 국가정책의 수립을 어렵게 만든다는 관점이다.

정치적인 권위와 정당성은 결국 민심으로부터 나오지만, 실제로 국가를 경영하는 과정에서 정부의 리더십 발휘도 필요하다고 보면 양자 간에 갈등이 생길 수 있다. 이런 경우에 정책의 형성과 결정은 필요한 정보를 충분히 갖고 있고 심사숙고해 판단할 능력과 의지가 있는 소수의 정치 및 관료 엘리트들에 의해 수립되어야 한다는 의견이 힘을 얻을 수 있다.

거시경제정책이나 외교정책, 과학기술정책 같은 특수 분야가 그러하다. 이런 분야에서 대중은 자신들의 근시안적 이익에 집착하므로 장기적인 비전과 전략을 갖기 어렵고, 다수의 대중은 그럴 만한 시간과 자원을 보유하고 있지 않기 때문이다. 이런 의미에서 지혜, 인내심, 규율, 국가와 세계에 대한 통찰력을 요하는 국가경영(statesmanship)은 소수 정치 엘리트의 몫이 되어야 한다는 것이 하향식 시각의 요지이다. 이 시각에서 문제가 될 수 있는 것은 정치권력과 관료제에 대한 통제라고 할 수 있는데, 이는 주기적인 선거, 이익집단, 언론 또는 직접민주주의적 요소 등에 의해 간접적으로 적절히 조절될 수 있다고 본다. 하향식 시각의 대표적 사례로는, 많은 반대에도 불구하고 박정희 전 대통령이 추진한 경부고속도로 건설사업이나, 이명박 전 대통령이 추진한 4대강 사업을 들 수 있겠다.

이와 반대로 상향식 시각에서는 소수의 엘리트에 의한 권력의 독점은 필연적으로 사실관계의 왜곡과 부패를 가져오기 때문에, 국민의 여론을 통한 견제와 균형이 반드시 필요하다고 본다. 민주주의가 부패하는 이유는 대중의 탐욕 때문이 아니라 사익을 추구하는 엘리트 때문이며, 정치인들은 흔히 자기 잘못을 숨기기 위해 대중을 희생양으로 삼는 경향이 있다는 것이다. 이러한 견해는 정치적 다원주의에 그 이론적 기반을 두고 있다. 다원론자들은 세계화와 정보혁명에 따라 일반 국민이 정보와 지식의 단순한 소비자 지위에서 벗어나 적극적인 정보생산자로 바뀌어 가고 있어서 이들이 엘리트들보다 꼭 무지하다고 볼 수 없고, 따라서 합리적인 국가정책의 수립에 대중의 참여와 견제가 필수적이라는 입장이다.

우리 주위를 둘러보면 이러한 주장이 꽤 설득력을 갖고 있는 것처럼 보인다. 전통적인 언론을 통한 여론 형성 과정에서 국민은 단순히 여론에 휩쓸리는 대상에 불과하였지만, 소셜 네트워크 서비스(SNS)가 확대되면서 이슈의 생산과 유통을 주도할 정도가 되었다. 광우병 사태, 무상급식 주민투표, 세월호 사고와 메르스 사태 등에서 보듯이, SNS를 통한 정보의 획득과 확산이 놀랍게 빠르게 이루어지고 있을 뿐만 아니라, 일반 국민의 정치 참여 수준이 높아지고 있다.

끝으로 통합적 시각은 정책형성과 집행 과정에서 정책 엘리트의 정책 리더십과 여론 간의 균형을 추구하는 것이 바람직하다고 본다. 여론은 때로는 정책 리더십을 강화시키기도 하고 때로

2017년 1월의 광화문광장 촛불집회 장면.

는 약화시키기도 하는 양날의 칼과 같고, 따라서 여론이 정책에 미치는 영향은 시대와 장소, 사안에 따라 다를 뿐 아니라, 여러 우연적인 요소와 이해관계에서 파생되는 정치적 균형에 따라 달라진다고 본다. 예컨대 의료, 연금, 교육 등의 사회정책은 여론과 이익집단의 영향을 많이 받는 반면, 거시경제정책이나 외교정책은 유사시를 제외하고는 여론의 영향을 거의 받지 않는다고 볼 수 있다.

이상을 종합해 볼 때 여론이 정책에 어느 정도의 영향력을 갖도록 하는 것이 바람직한지에 대하여 명확한 결론을 내리기는 매우 어렵다. 분명한 사실은 국가정책에 미칠 여론의 황금비율을 구하는 것은 현실적으로 가능하지도 않고 바람직하지도 않다는 점이다. 국가정책이 국민의 여론을 존중해야 함은 두말할 필요가 없지만, 여론을 존중하는 것이 합리적이라고 판단되는 정책 분야와 이슈, 여론을 따르는 것이 합리적이라는 이론적, 경험적 근거를 발견하기 힘든 정책 분야와 이슈를 구분하는 지혜가 필요하다. 우리는 앞장에서, 이런 구분을 올바로 하지 않은 채 맹목적으로 여론을 추종하거나, 정치적 선동으로 거짓 여론을 조성하고 이를 기화로 마구잡이로 국가정책을 수립할 때 포퓰리즘의 수렁으로 빠지기 쉽다는 사실을 잘 확인할 수 있었다.

16. 더 많이 참여할수록 민주주의는 더 잘 기능할까?

참여라는 말을 떠나서 민주주의를 생각할 수 없다. 한마디로 말해 민주주의의 역사는 참여 확대의 역사였고, 앞으로도 그럴 것이다. 지배자의 일방적이고 자의적인 결정과 명령에 반기를 들고 일어선 것이 민주주의 혁명의 시발점이었고, 참여가 확대됨에 따라 민주주의가 고양되었다. 예컨대 미국의 사례를 보면, 1789년 조지 워싱턴이 대통령으로 선출될 때 투표권은 일정 수준 이상의 재산을 소유한 백인 남성에게만 주어졌는데, 이는 전 국민의 6%에 불과하였다. 남북전쟁 이후인 1892년에는 소수의 흑인이 투표에 참여할 수 있었고, 1920년에는 백인 여성에게, 1965년에는 흑인 여성에게 투표권이 주어졌다.

투표, 집회 및 결사의 자유와 권리를 포함한 정치참여의 자유와 권리는 민주국가 국민의 자유와 권리 중 가장 기본적이다. 정치참여의 자유와 권리의 수준은 국민이 국가의 의사결정이나 선택에 얼마나 효과적으로 이의를 제기하고, 불복하거나 항거할 수 있는지에 달려 있다. 이 수준이 민주주의가 얼마나 잘 구현되고 또 발전하고 있는지를 보여주는 가장 중요한 지표라고 해도 과언이 아니다. 하지만 참여가 확대될수록 민주주의는 더 잘 기능할까?

참여가 확대되면 외형적으로 민주주의의 이상적인 모습에 가까워지는 것은 사실이지만, 그것이 민주주의가 더 잘 기능하도록 해주는지 또는 그래서 국민의 삶이 더 나아지게 만드는지는 별개의 사안이다. 민주국가에서 정치참여의 확대는 무조건 좋고 바람직하다고 주장하는 사람들이 많지만, 우리는 이에 동의하지 않는다. 중대한 논리 비약의 오류가 있다고 보는 편이다.

예컨대 오늘날 거의 모든 민주국가에서 투표(참여)율은 상당히 낮다. 이것을 문제 삼으며, 투표율을 높이기 위해 무슨 수단이든지 강구해야 옳다고 생각하는 사람들이 많다. 이들은 투표율이 높을수록, 즉 투표에 참여하는 국민이 많을수록, 국민이 바라는 대표자를 더 잘 선출할 수 있고, 더 나은 의사결정을 할 수 있다고 보는 셈이다. 국민이 바라는 대표자가 누구인지, 혹은 어떤 정책이 국민에게 가장 바람직한지를 정확히 알고 선택할 방법이 별달리 없는 이상, 가급적 더 많은 국민에게 물어보는 것보다 더 나은 방법이 없을지 모른다.

하지만 여기서 의문이 생긴다. 예컨대 처음부터 투표에 참여하지 않은 기권자들이 투표에 참여하도록 강제하거나 적극적으로 유도해야만 할까? 여기서 우리는 참여의 확대 노력이 자칫 국민의 기본권 보장에 역행할 수 있는 소지가 있음을 보게 된다. 민주국가에서 낮은 투표율이 아무 문제도 없다는 말이 아니다. 많은 국민이 정치에 무관심하거나 투표를 남의 일로 여겨 외면한다면 곤란한 일이다. 그러나 투표는 투표다. 선거일을 공휴일로 지정해 투표의 편의를 도모하고 투표를 독려하면 되었지 꼭 사전투표제까지 도입하면서 투표율을 높이는 것이 과연 국민의 의사를 정확히 반영하는 일일까? 최근에 부정선거 의혹과 관련해 커다란 논란거리로 등장한 사전투표제는 이런 관점에서 재검토 필요성이 없지 않다.

사회의 문제들에 대한 사람들의 생각은 각기 다르기 마련이다. 선호의 강도(intensity) 또한 각기 다르다. 이런 점에서 개개인의 참정권 행사 여부도 개인의 판단에 맡겨두는 것이 민주적이다. 같은 의미에서 투표의 단순 합계보다는 가중치를 부여해 합산하는 게 더 합리적인지 모른다. 물론 신분이나 재산 등에 따라 사람을 차별해서는 안 되는 민주주의 국가에서 국민 개개인의 의사에 가중치를 두고 다르게 적용하는 일은 생각할 수 없고 기술적으로도 쉽지 않지만 논리적으로는 그렇다는 말이다. 여하튼

유권자의 투표를 독려하고 있는 독일 *Das Illustrierte Blatt*의 표지.

이런 견지에서 접근해 보면 기권자 표의 가중치는 언제나 0으로 표시될 것이므로, 내버려두면 기권하였을 사람을 반강제로 투표장에 불러내 투표하게 한다면 투표 결과가 왜곡될 것이 분명하다. 더구나 어떤 정당이 이런 점을 노려 무리하게 투표를 독려하거나 각종 인센티브를 제공하려 한다면 그 위험성은 배가된다. 선거권자의 연령을 계속해서 낮추어 가는 추세 등도 이런 차원에서 보면 재검토 대상이다.

국민의 대표자를 뽑는 선거에서든 국가의 중요 의사결정 과정에서든, 각가지 정치적 주장이 제기되고 설득과 타협이 이루어지는 과정에서 국민 개개인이 어떤 영향을 받아 자기 의사를 결정하든, 그것은 그 개인의 의사결정이므로 왈가왈부할 수 없다고 말할 수도 있다. 그러나 참여가 확대될수록 더 민주적이라는 그럴듯한 명분 아래 정치적 조작이나 정치공학이 활개를 칠 소지가 생겨난다는 사실도 부정할 수 없다.

　일반적으로 말한다면 정치적 참여와 민주성의 관계는 거꾸로 선 U자 곡선과 같다. 즉 일정한 지점까지는 참여의 확대가 민주성의 제고에 도움을 주지만, 그 지점을 넘어서면 참여의 확대가 오히려 비민주적이 될 가능성이 없지 않다. 여기서 핵심은 일정 지점이다. 예컨대 어떤 정책 이슈와 관련해서든 직접적인 이해관계자의 참여가 보장되어야 함은 당연하다. 그러나 간접적인 이해관계자, 특히 제3자의 참여는 어떤가? 이들의 참여를 허용해야 하는가? 허용한다면, 어느 선까지 허용해야 할 것인가?

　이 선(일정 지점)은 제도적으로 명확하게 규정되어 있는 경우도 있고, 그렇지 않은 경우도 있다. 예를 들면 대의민주주의에서 입법, 조세, 예산, 결산 등과 관련한 중요한 국가 의사결정은 국회의 고유권한으로 규정되어 있다. 다시 말하면 국회의원들만이 정당한 의사결정자이다. 물론 국민이 참여해서 자기 의사를 반영할 수 있는 길이 완전히 막혀 있는 것은 아니다. 우선 지역구민은 자신의 지역구 국회의원을 선출하는 과정에서, 또는 그에게 청원하는 등의 방법으로 영향력을 행사할 수 있다. 경우에 따라서는 국회가 공청회 등을 개최함으로써, 적극적으로 국민의 의사를 물을 수도 있다. 하지만 이런 경우 참여자의 대표성이나 의사결정의 공정성 시비를 피하기 어렵다.

이와는 달리 정당하게 참여할 권리를 가진 국민의 범위가 명시적으로 규정되어 있지 않은 경우도 있다. 예를 들면 원자력발전소 건설 부지 선정의 경우, 해당 지역 주민은 정당한 이해관계자가 될 수 있지만, 구체적 범위의 설정은 언제나 까다로운 문제로 남는다. 원전으로부터 반경 몇 킬로미터 안에 사는 주민을 정당한 이해관계자로 볼 것인가? 다음으로 환경단체의 참여를 인정한다고 할 경우, 어느 선까지 인정할 것인가? 이처럼 참여의 권리를 누구에게, 어디까지 인정할지는 항상 논란거리이자 갈등의 핵심 요소로 등장한다. 이런 이유로 민주국가에서 참여의 범위와 방법은 각종 법률에 사전적으로 규정되어 있는 경우가 많다. 다시 말하면 법치주의의 원리가 여기에도 적용되고 있다. 참여의 범위와 방법을 정하는 법적 기준이나 원칙은 대강 다음과 같은 사항을 고려하고 있다.

우선 국가의사의 결정이나 정책의 선택에 참여하는 사람이 많을수록, 심도 있는 논의의 진행은 어려워진다는 점을 고려하지 않을 수 없다. 심도 있는 논의는 바람직하지만, 거의 무한대의 시간이 필요하다. 아주 긴

시간이 걸릴지라도 참여를 확대하고 신중하게 결정해야 할 중대 사안도 있지만, 분초를 다투는 긴급한 상황에서는 어떤가? 예컨 대 적국의 침공이 탐지되었다거나 전염병 확산을 막아야 하는 비상 상황에서 참여자가 다수라면, 결정의 긴박한 시점을 놓칠 수 있다.

다음으로 고도의 과학기술 정책 이슈에서 국회의원이나 일반 인들이 결정 과정에 참여한다면, 어중이떠중이 결정이 되기 쉽 다. 이 문제는 고도의 전문지식을 갖춘 사람이 미래를 내다보는 혜안을 가지고 참여하는 것이 좋을 것이다. 물론 이들이라고 개 인적 이해관계를 초월하기는 어렵겠지만, 어중이떠중이 식의 결 정은 피할 수 있다. 이런 종류의 선택에서조차 보통 사람들의 참 여를 보장하고 넓혀야 한다고 주장한다면, 엉터리 결정에 이를 위험성이 높아진다. 이는 명백히 민주주의 이론을 오해하거나 잘 못 적용하는 것이다.

국가의사의 결정과 정책의 선택에서 핵심은 합리적이고 현명 한 선택의 확보이다. 다중이 참여한다고 현명한 선택이 이루어진다는 보증도 없고, 전문가만이 참여해 이루어진 결정이라고 그것이 최선이라 는 보증도 없다. 민주주의의 핵심은 개방적 토론과 비판에 있다. 이 것이 더 합리적이고 현명한 정책 선택을 가능하게 해준다고 본 다. 다시 말하면 의사결정의 절차나 정책 선택의 절차가 합리적 인지가 핵심 사항이다. 이를 보통 절차적 합리성(procedural rationality)이라고 부른다.(제4장 참고)

절차적 합리성은 의사결정 및 정책 선택 절차 안에서 비판이 제도화되고, 토론이 공개되고, 참여가 공평하게 이루어지며, 아울러 결정 속에 내포된 오차(error)를 쉽게 발견할 수 있도록 돕는 절차를 말한다. 이런 요소들이 고루 고려될 때 대강 절차의 합리성을 갖추었다고 말할 수 있을 것이다.

법률에 참여의 허용 기준과 원칙이 정해져 있는 경우에 대해서 살펴보았는데, 이런 절차에 대한 규정이 미리 정해져 있지 않을 때는 어떤가? 원칙적으로 국민은 집회 및 결사의 자유와 권리에 근거해, 법의 범위 안에서 자기들의 의견을 피력하고 세력을 과시할 수 있다. 다만 이 같은 경우에 참여자는 다중의 힘을 빌려 자신들의 입지를 강화하려고 할 것이고, 따라서 사실을 과장하거나 왜곡하여 의사결정 과정이 혼선을 빚게 만든다든지 이슈의 과도한 정치화를 꾀할 위험성이 없지 않다. 물론 이런 문제들은 참여 범위가 법률에 규정되어 있음에도 불구하고 이를 무시한 채 대중 동원을 꾀할 때도 동일하게 발생할 수 있다.

정책문제들은 아주 복잡하고 고도의 전문지식을 필요로 하며, 수많은 사람의 이해관계가 상충하는 사안이다. 따라서 확실하게 옳은 해답을 찾기 어려울뿐더러, 단번에 완벽한 정책을 결정하기는 거의 불가능하다. 시행하면서 잘못된 부분을 조금씩 고쳐가고, 더 나은 선택을 가능하도록 만드는 점진적 접근방법이 더 현실적이고 더 합리적인 접근방법이 되는 경우가 대부분이다. 이런 의미에서 사전적으로 완벽을 기하려 하기보다는 사후적으로 비판을 받을 수 있도록 제도적 장치를 마련해 두는 것이 더 중요할 수 있다. 의사결정 과정도 가능한 한 공개되도록 해야 함은 물론이다. 그래야 참여자들이 밀실에서 야합하지 않고 공명정대하게 결정에 임하여, 공공목적에 가까운 선택을 가능하게 해줄 것이다. 한마디로 모든 중요 의사결정이나 공공정책의 선택 과정이 국민 대중으로부터 감시를 받도록 만드는 것이 요체이다. 감시는 참여가 아니다.

결론적으로 민주주의 국가에서 참여의 확장은 그 자체가 목적이 아니다. 종국적으로 합리적 결정절차의 일환으로 정당화될 때, 참여의 확대는 공공선으로 작용할 수 있다. 민주주의의 역사가 참여 확대의 역사인 것은 분명하지만, 그것은 현상일 뿐이지 준칙이라고까지는 말할 수 없다.

17. 직접민주주의가 더 나은 민주주의인가?

국가의 법률을 제정하거나 예산을 책정하는 등의 공공사무를 결정하는 데 일반 국민이 직접 참여하는 정치제도를 직접민주주의(direct democracy)라고 부른다. 민주주의 이론가들 중에는 직접민주주의를 민주주의의 이상형으로 보는 사람이 적지 않다. 그 이유는 민주주의의 유래에서 기인하는 듯하다.

혼히 민주주의의 시원을 도시국가였던 그리스의 아테네에서 찾는다. 전체 인구 30만 명의 아테네에는 민회(ekklesia) 참가 자격을 갖춘 성인 남성 시민이 약 3만 명 정도에 불과하였다. 그 중에서 추첨을 통해 500인 평의회(boule)가 구성되고, 평의회가 입법과 행정에서 핵심적인 역할을 담당했다고 전해진다. 민주주의의 어원도 demos(인민, 인구)와 kratos(지배, 정부)라는 그리스어인 까닭에, 직접민주주의를 민주주의의 가장 이상적인 형태로 인식하

그리스 아테네의 아크로폴리스 그림.

는 경향이 있다.

이런 형태의 민주주의는 기원전에 그리스에서 잠깐 유지되었
지만, 이내 인류의 역사에서 사라졌다. 그러던 것이 18세기 말 미
국 독립혁명과 프랑스 혁명을 거치며 새로운 형태로 재탄생하였
다. 인류역사상 가장 공고한 민주주의는 미국의 건국 아버지들
이 헌법에 채택한 민주주의로, 200년 이상이 흐른 지금도 그 원
형이 거의 훼손되지 않은 상태이다.

미국 헌법의 기초자들이 선택한 것은 대의민주주의이지 직접
민주주의가 아니다. 한마디로 이들은 직접민주주의를 이상형으

로 보지 않고, 오히려 그 폐해를 더 엄중하게 보았다. 당시의 기록에는 직접민주주의가 야기할 '다수의 폭정'의 위험을 경고하는 부분들이 아주 많다. 이것은 개인의 권리 보호가 민주주의 제도의 핵심이요, 가장 중요한 관심사였음을 말해 준다. 직접민주주의에서는 다수결 만능주의가 판을 쳐서, 이성적으로 인간의 자유와 권리를 보호하고자 하는 민주주의의 기본 정신이 훼손될 가능성이 크다고 보았던 것이다.

직접민주주의는 도시국가 아테네처럼 소규모 구성체(조직)에서나 가능한 정치적 의사결정 메커니즘이다. 한국같이 인구 5천만 명 정도 되는 나라에 적용하기란 사실상 불가능한 제도다. 크고 작은 공공적 사무들을 결정할 때마다 국민투표를 하게 되면 엄청난 시간과 비용이 든다. 긴급히 결정해야 할 사안에 신속하게 대응할 수 없다. 사람이 모여 사는 곳에서는 어디서나 어느 의견을 지지하느냐에 따라 파당(faction)이 만들어지기 마련이다. 그들 사이에 생산적이고 심도 있는 논의도 이루어지겠지만, 현안과 무관한 중상과 모략, 선동과 이합집산 현상을 막을 길이 없다. 결국 소수자의 희생 위에서 다수의 전횡과 횡포가 심해질 것이며, 개인의 권리와 재산의 보호라는 민주주의의 기본책무는 하찮게 다뤄질 가능성이 커진다.

미국 독립선언에 서명한 인물인 위더스푼(John Witherspoon)은 "순수한 (직접)민주주의는 오래 지속될 수도 없고, 국가기구로 이

행될 수도 없다. 그것은 인민의 분노의 광풍과 변덕의 대상이 될 뿐이다."라고 했다. 미국의 초대 재무장관 해밀턴(Alexander Hamilton)의 주장도 비슷하다. 그는 "실현할 수 있다면 순수한 민주주의가 가장 완전한 정부일 것이라는 주장보다 더 엉터리 주장은 없음을 경험이 증명하고 있다. 고대 (그리스의) 민주주의에서도 정부의 멋있는 모습을 보여주지 못했다. 폭군을 불러왔고, 정부를 불구로 만들었다."라고 설파했다.

직접민주주의가 가장 바람직한 형태의 민주주의라는 주장의 근거는 다음 세 가지가 있다. ① 의사결정 과정에 이해 당사자들의 광범위한 참여가 가능하다는 것, ② 의사결정에서 중요한 논점들이 증거에 따라 비중이 정해지고 합리적 토론과 심의가 가능하다는 것, ③ 모든 구성원이 자신의 견해를 발표할 기회를 공평하게 가질 수 있으므로 평등하다는 것. 그러나 자세히 살펴보면, 이런 근거들은 상호 모순적인 관계에 있다.

우선 직접민주주의 주창자들은 직접민주주의의 최대 장점으로 참여의 확대를 꼽지만 참여가 많아질수록 시간과 비용이 더많이 소요될 것은 자명하다. 직접민주주의를 통해 좋은 결정에 이를 수 있을지는 몰라도, 심도 있는 심의를 위해서는 엄청난 노력과 시간이 필요하므로 정책결정이 무한정 지체되고 긴급을 요하는 정책의 결정이 무한정 지연될 수밖에 없다. 많은 사람이 서로 다른 논점을 가지고 토론에 참여한다면, 실질적으로 심도 있는 토론이 이루어지기도 어렵다.

또 국민 개개인이 각자의 의견이 있을 것이므로 말하고자 하는 사람 모두에게 평등한 기회를 부여하는 것이 좋지 않겠느냐는 것이 직접민주주의자들의 주장이다. 그러나 이렇게 되면 결정이 무한대로 지체되고 삐걱거려서, 실질적 결정에 도달하지 못할 수 있다. 이 점을 고려하여 논점에 따라 그룹을 정하고 토론에 참여할 대표를 무작위로 선발하더라도, 무작위로 선발한 대표자가 충실히 그룹의 입장을 전달할 의지나 능력을 갖추고 있으리라는 보장이 없다. 또 토론에 참여하기를 강력하게 희망하는 사람들이 무작위로 선발하는 대표자가 된다는 보장도 없기 때문에, 대표성이나 평등성을 확보하기는 더욱 어려워진다. 결국 참여를 보장하면서 심도 있는 논의가 진행되려면, 필연적으로 평등성이 희생될 수밖에 없다.

실제 경험을 통해서 보아도 **직접민주주의는 득보다 실이, 폐해가 더 많은 제도이다.** 직접민주주의야말로 바람직하고 이상적인 민주주의라는 그릇된 믿음에 기초해 오늘날의 민주주의에는 직접민주주의 요소가 상당히 스며들어 있다. 스위스의 국민투표, 국민발의, 국민소환제도 등이 전형적이다. 우리나라에서도 헌법 개정과 같은 중요사안은 국민투표를 거치게 되어 있다. 그리고 지방정부 수준에서는 중요 이슈에 대한 주민투표와 지방자치단체장에 대한 소환투표를 법으로 규정하고 있다. 이런 직접민주주의 요소들이 민주주의의 건전한 발전을 이끌어 왔다고 보아야 할 것인가? 그보다는 정치적 투쟁의 수단으로 오용되고 정치적 분란을 조장하는 경향이 짙었다고 보는 것이 더 진실에 가까울 것이다.

직접민주주의를 옹호하는 사람들은 오늘날 인터넷 시대의 도래에 따라 큰 비용을 들이지 않고도 국민의 의사를 직접 물어볼 수 있게 되었다는 점을 강조한다. 전자직접민주주의라고도 불리는 이런 방법은 현장 투표 방식에 비해 비용이 약간 덜 들지도 모른다. 하지만 간접민주주의 방식보다 이슈에 대한 논의가 더 심도 있게 전개될지는 의문이다. 특히 모든 국민이 사안을 충실히 이해하고 결정에 임한다는 보장도 없다.

직접민주주의는 선동과 선전에 취약하다. 현대사회의 정책들은 대부분 복잡성이 아주 크다. 특별한 지식으로 무장하지 않으면, 그 연관성을 이해하기 어렵다. 경제학을 전공한 사람이라도 요즘의 금융정책이나 통상정책의 전모를 파악하기는 어렵다. 그런데 정책의 실체를 잘 모르는 일반국민 모두가 직접민주주의 원리에 따라 정책결정에 참여한다면, 현명한 선택이 이루어질까?

예를 들어 한미자유무역협정(FTA)을 국민투표로 결정했더라면 어땠을까? 이 협정의 의미와 파장을 충분히 이해하지 못하는 대다수 사람의 선택에 좌우되었을 가능성이 크다. 우리나라는 많은 국가와 FTA를 체결했는데, 미국과의 FTA에 대해서는 반대 정서가 유독 강했다. 당시 주된 반대 이유는 농업 부문에 심각한

스위스 글라루스(Glarus)의 민회 모습.

타격이 예상된다는 것이었다. 그러나 그 후의 사정을 보면, 한미
FTA는 우리나라 농업을 크게 후퇴시켰다기보다 오히려 도전을
극복하고 탈바꿈할 수 있는 역량을 키워내는 중요한 계기가 되었
다. 대다수 국민은 이렇게 복잡하고 어려운 정책문제에 대해 자
기가 현재 이해할 수 있는 범위 내의 주장에 동조하는 경향이 강
하다. 장기적 안목을 갖고 복합적 영향을 고려하기는 어렵다. 이
런 경향 때문에 불확실성이 높거나 복잡성이 큰 정책일수록 선
동과 선전에 취약할 것이라는 추론이 가능하다.

　다양한 사람들이 존재하는 만큼 민주주의의 이상형에 대한

견해 역시 다양할 수 있다. 그 어떤 이상형도 모든 사람에게 보편적인 이상형이 될 수 없음은 분명하다. 그래서 이상형을 이야기할 때는 그것이 과연 누구의 이상형이고, 어떤 목적을 위한 이상형인지를 먼저 물어야 한다. 만일 직접민주주의를 이상적인 민주주의 형태로 보아야 한다면, 그것의 채택이 누구에게 어떤 이익을 주고, 또 누구에게는 어떤 피해를 주는지 잘 따져 보아야 할 일이다. 이상형이라는 것은 말 그대로 실현성이 거의 없음을 의미하기도 한다. 더욱이 여러 위험성이 충분히 예상된다면, 그것은 이상형일 수 없다. 직접민주주의 형태의 전형인 국민투표로 EU 탈퇴를 가결했던 영국(Brexit), 분리독립 문제를 국민투표에 부쳤던 스페인의 카탈루냐, 그리고 영국의 스코틀랜드가 오늘날 겪고 있는 혼란과 갈등을 타산지석으로 삼아야 할 것이다.

18. 다수결은 무조건 정당한 선택방법인가?

대학생들에게 강의하면서 "민주주의의 원리는 무엇인가?"라는 질문을 던지면, 가장 많이 듣게 되는 대답이 '다수결로 결정하는 체제'이다. 그도 그럴 것이 국회에서 법률을 제정하거나 개정할 때도 다수결 원리가 적용되고, 대통령을 선출하거나 국회의원, 지방자치단체의 장과 같은 주요 공직자를 선출할 때도 다수표를 얻은 사람이 당선되는 것을 보면서 살아왔으니 말이다. 심지어 초등학교 반장 선거도 다수결 원리를 따르고 있지 않은가? 그런데 '다수결 방식을 채택하기만 하면 모든 결정이 다 민주적으로 내려진 결정'이라고 말해도 되는 것일까? 그렇지 않다.

북한에서는 거의 모든 중요한 국가정책이 600명이 넘는 인민대표로 구성되는 최고인민회의에서 만장일치로 결정된다. 그런데 북한은 공산국가이다. 북한만이 아니라 역사상 거의 모든 공

북한의 투표제도를 풍자한 일러스트레이션.

산국가가 겉으로 민주주의 국가를 표방하고, 다수결에 의한 결정이 마치 민주주의의 시금석이기라도 한 듯이 자랑스럽게 내세운다.

하지만 이들이 진정한 의미에서 민주주의를 하고 있다고 보는 사람은 없다. 어쩌면 이 체제의 실권자만큼 다수결이 민주주의를 가장(假裝)하기 좋은 수단임을 확실하게 알고 있는 사람도 없을 것이다. 6·25동란 중 자행된 인민재판도 유사하다. 일방적으로 반인민죄를 뒤집어씌우고 처형에 반대하는 사람이 있는지 공개적으로 물은 뒤 즉결 처분하였다. 겉으로만 보면 다수결에 의한 판결인 듯 보일 수 있지만, 어느 순간 총부리가 누구를 향할지 알 수 없는 자리에서 누가 감히 반대의견을 낼 수 있었겠는가? 이런 사례에서 보듯이, 다수결은 이미 내려진 결정을 정당화하는 수단으로 사용되는 경우가 많다. 다수결이 공산국가에서 더욱 애용되는 이유가 여기에 있다.

다수결 원리가 민주주의 국가에서 널리 쓰이고 있는 것은 분명하지만, 다수결은 사실 민주주의와 특별한 상관은 없다. 다수결은 서로 의견이 갈리는 문제에 대한 해법을 찾는 과정에서 결정의 정당성을 부여해 주는 방법의 하나일 뿐이다. 더 나아가 그 방법이 정당성을 얻으려면, 일정한 조건을 충족해야 한다.

첫째, 문제의 성격이 다수결에 적합해야 한다. 복잡성이 높고 매우 전문적인 내용이어서 일반 국민이 정확하게 판단하기 어려운 문제에 대하여 다수결로 결정할 수는 있겠지만, 그 결과가 사회 전체를 위해 바람직하다는 보장이 없다. 전문지식이 요구되는 분야의 문제임에도 문외한들이 각자의 상식에 입각해 투표를 하도록 하는 것은 합리적이지 않다. 투표로 결정이 이루어지면 따르는 수밖에 없다는 의미에서 위험하기까지 하다. 2017년 신고리 5·6호기 건설 여부를 결정하기 위해 일시적으로 운영되었던 공론화위원회가 대표적인 예이다.

원자력발전소의 안전성 문제는 전문지식을 갖지 않은 일반인이 올바른 판단을 내리기 힘든 어려운 문제이다. 전문가들 간에도 의견이 상충되기도 한다. 그러므로 이런 문제는 전문가들에게 맡겨두는 것이 상책이다. 공론화위원회는 원자력과 무관한 471명의 시민참여단이 33일간 소위 숙의(deliberation) 과정이란 것을 거쳐 판단을 내리도록 하였다. 이런 숙의 과정을 거쳤다 한들 과연 이들이 전문가 식견의 수준에 도달할 수 있었을까? 아주 전문적인 문제에 대하여 전문지식과 경험이 없는 사람들을 대상으로 의견을 묻고 다수결로 결정한다면 이는 제비뽑기와 크게 다르지 않다. 다수결로 결정할 수는 있겠지만, 결정의 정당성을 얻기 어렵다.

둘째, 다수결보다 더 나은 의사결정 방법이 없는 경우에만 다수결은 결정의 정당성을 확보할 수 있다. 예컨대 우리나라의 다음 대통령으로 적합한 인물은 누구여야 하는가와 같이, 전문가든 보통 사람이든 판단에 큰 차이가 없는 문제는 다수결보다 더 나은 결정 방법을 생각하기 어렵다. 전문가든 보통 사람이든 인간은 누구나 이해관계와 편견에서 완전히 자유롭지 못하다. 전문가이든 일반인이든 사람은 각자의 지식과 경험, 가치와 선호가 다르고 천차만별이기 때문에 누구의 선호나 결정이 더 타당하다고 단정할 수 없다.

이런 의미에서 다수결 그 자체가 결정의 정당성을 주장하게 하는 핵심이 아니다. 다수결에 의한 결정의 정당성은 각자가 그럴듯한 이유를 경쟁적으로 제시하고, 서로 비판하고 논쟁하면서, 서로가 각자의 해법들에 대한 안목을 넓히고 배움을 키워가면서, 서로가 세련된 판단을 얻을 수 있다는 사실에 있다. 이 토론과 비판 과정에서 이미 제안된 해법의 제시자들이 양보하고 타협하여 더 세련된 새로운 제3의 대안에 도달하기도 하고, 비슷한 제안자들끼리 힘을 합쳐 연합 세력을 결성할 수도 있다. 한편 단순히 다수결에만 의존하면, 세력들 간에 분쟁과 마찰의 소지가 생기고 이합집산(離合集散)과 합종연횡(合從連橫)을 조장해 결정의 정당성을 확보하기 힘들 수 있다는 주장도 있다. 그러나 이런 경우에는, 결정 참여자들에게 거부권(veto power)을 부여하는 방법이 사용될 수 있다. UN 안전보장이사회가 상임이사국에 부여하는 거부권이 좋은 예이다. 어떤 결정이든 결정의 정당성을 확보하는 면에서 가장 중요하게 고려되어야 하는 요소는 토론과 비판이 허용되는지 여부이다. 토론과 비판을 통하지 않고서는 이성적이고 합리적인 판단에 이르기 힘들다.

여기서 우리가 짚고 넘어가야 할 사항 중 하나가 비난과 비판의 차이이다. 비판은 증거와 논증을 통하여 옳고 그름의 이유를 밝히는 것을 말하는 데 비해, 비난은 이유를 명시하지 않은 채 감성적 용어로 상대방의 의견을 무시하거나 부정하는 것이다. 단순히 상대방 해법의 불완전한 점을 지적하는 것은 건전한 비판이 되지 못한다. 무수하고 다양한 인간의 노력에서 도대체 완전한 것이 얼마나 있겠는가? 완전한 대안이 있을 수 없다면, 불완전한 대안 중에서 가장 결함이 적은 것을 선택하고, 설득력이 큰 주장에 동조하는 것으로 만족할 수밖에 없다. 그러므로 어떤 비판이 제대로 된 비판이 되려면 대안을 제시하면서 설득력을 발휘해야 한다. 비난을 통해서는 학습이 이루어질 수 없다. 학습 없이는 더 나은 판단으로 나아갈 수 없다.

이성적 노력을 다하고도 그럴듯한 해법을 찾지 못했을 때, 결정에 참여한 사람들 중 다수의 지지를 받는 방안이 잠정적으로 더 그럴듯한 방안이라고 받아들이는 것, 이것이 다수결이다. 다수결로 결정했기 때문에 정당한 것이 아니라, 자유롭고 활발한 토론과 비판을 통해 해법을 찾으려는 이성적 노력을 다 기울이고도 결론을 내리지 못했을 때만 다수결은 정당성을 얻을 수 있다. 다수결 의사결정 방식이 정당성을 얻을 수 있는 조건은 이것만이 아니다. 결정 참여자들이 각자 자율적으로 판단할 수 있어야 하고, 자유롭고 개방적인 여건 속에서 결정에 참여해야 한다. 여기서 중요한 것은 소수의 의견이라도 묵살하지 않고 경청해야 한다는 점이다. 여러 나라의 의회에서 필리버스터(filibuster), 즉 의사진행을 방해하는 수준의 장광설(長廣舌)을 용납하는 것도 이 때문이다. 이 정도로 비판이 자유롭게 허용되지 않는 한, 다수결 방식은 잘못된 판단으로 귀결될 위험성이 있다.

이성적 노력을 다하고도 그럴듯한 해법을 찾지 못했을 때, 결정에 참여한 사람들 중 다수의 지지를 받는 방안이 잠정적으로 더 그럴듯한 방안이라고 받아들이는 의사결정 방식, 즉 다수결에 의한 결정이 정답이라고 말할 수 없는 것은 당연하다. 그래서 다수결에 의한 결정은 임시적 결정으로 보는 것이 옳다. 실제로 틀린 선택일 가능성이 없지 않다. 또 결정 이후에 상황이 변화하여 부적절한 선택으로 판명이 날 가능성도 있다. 바로 여기에 다수결에 따른 결정에 대하여 수정 가능성을 열어두는 이유가 있다. 예컨대 국회가 다수로 의결한 법률안에 대통령이 재의요구권(즉 거부권)을 행사할 수 있게 한 것 등이 대표적이다.

또 다수결 방식에는 여러 가지 유형이 있다. 헌법 개정과 같은 중대 사안은, 다수결이 아니라 2/3 또는 3/4같이 단순 과반수가 아니라 초과반수(super-majority)를 요구하기도 한다. 다수결 방식이 남용되거나 악용될 소지를 줄이기 위해서다. 그런가 하면 우리나라 대통령 선거에서와 같이, 과반수에 미달할지라도 단 한 표라도 더 많은 지지를 얻은 후보를 당선자로 선출하는 방식이 사용되기도 한다. 이를 종다수결이라고 부른다.

다시 강조하건대 다수결은 민주주의의 핵심 원리가 아니다. 다만 민주주의 국가에서 비판과 토론의 과정을 거쳐 이루어지는 다수결 방식을 결정의 정당성을 확보하기 위한 최종 수단이라고 보는 것일 뿐이다. 다수결 원칙이 모든 결정의 정당성을 확보한다고 믿는 것은 잘못이다. 이렇게 믿는 사람들 중에는 다수결을 전가(博家)의 보도(寶刀)처럼 악용하거나 오용한 사람들이 적지 않다. 독일 나치가 정권을 잡아 운영하는 방법이 그랬고, 공산국가들의 권력 유지 방법이 이와 같았다. 다수결 원리가 남용되다 보면 포퓰리즘의 덫에 걸리기 쉽다. 민주주의의 탈을 쓰고 있지만 대중의 불만과 분노를 해소한다며 포퓰리즘에 빠져드는 국가가 한둘이 아니다.(제14장 참고) 심히 경계해 마지않을 일이다.

미국의 건국 아버지들은 이런 이유로 헌법을 제정할 당시부터 '다수의 폭정'을 경계하였다. 우리가 명심해야 할 것은 다수결 의사결정 방식이 불가피한 경우들이 있지만, 이 방식은 정당성을 확보하기 위한 유일한 방법이 아닐뿐더러 아주 한정된 제약조건 속에서만 정당화된다는 점이다. 문제의 성격에 따라서는 다른 방법에도 정당성이 부여될 수 있다. 이런 의미에서 다수결 원리를 민주주의의 핵심 원리라고 무조건 받아들여서는 안 된다. 그것의 오용과 악용의 위험성에 더 관심을 쏟지 않으면 안 된다.

19. 민주정부의 정책결정은 무엇이든 투명하게 공개되어야 하나?

정부의 결정은 무엇이든지 투명하게 공개하여야 한다고 주장하는 사람들이 적지 않다. 이들은 국민의 '알 권리'를 이유로 내세운다. 정보공개법에 처음 규정된 '알 권리'라는 것이 어떤 근거와 논리에서 이토록 무제한적인 정보공개를 당연한 것으로 요구할 수 있는 것인지가 우선 궁금하다. 도대체 얼마나 투명하면 충분히 투명한 것인지도 궁금한 사항이 아닐 수 없다. 정부의 결정을 투명하게 공개하면 이로운 점이 많겠지만, 나쁜 점은 없는가?

질문은 여기서 그치지 않는다. 정책이라는 아주 복잡하고 난해한 문제의 해결에서 일반 국민이 모두 다 알 수 있도록 투명하게 공개해야 한다면, 누구에게 이익이 되고 누구에게 불이익이 될 것인가? 정책문제가 너무 어렵고 헷갈려서 알고 싶지 않다는 국민도 많지 않은가? 그렇다면 누구를 위한, 무엇을 위한 투명성인지 충분히 살핀 다음에, 투명성의 바람직한 수준이 정해져야 할 것이다.

제16~17장에서 국민의 정치적 참여 요구의 강화, 심지어 직접민주주의 요소의 강화 요구가 강해지는 배경과 이유에 관해 살펴보았거니와, 투명성에 대한 요구가 날로 거세지는 배경에는 역시나 대의민주주의에 대한 불신이 자리하고 있음을 부인하기 어렵다. 대의민주주의의 요체는 투표를 통해 선출된 국민의 대표자들과 대통령에게 의사결정 권한을 위임하고, 그들의 의사결정에 대하여 사후적으로 정치적 책임을 물을 수 있게끔 하는 제도이다. 쉽게 말해, 대표를 선출하고 그들에게 믿고 맡기는 의사결정 방식이 대의민주주의의 요체이다. 그런데 오랜 세월 대의민주주의 제도가 운영되는 과정에서 많은 국민이 납득하기 힘든 혹은 의아스러운 결정들이 나오고, 믿고 맡겼는데 믿지 못할 결정이 내리는 것을 보게 되면서 불신이 생겨나 정부의 의사결정 혹은 정책결정과 그 과정에 대한 정보공개 요구가 강해진 것으로 볼 수 있다. 더구나 우리나라는 밀실야합이 적지 않았던 권위주의 시대를 경험해 온 나라가 아니었던가?

사실 정책결정과 관련해서 투명성이 확보되면, 여러 가지 이익이 있다. 첫째, 정책결정과 관련된 많은 정보, 특히 정책결정 과정에 대한 정보들이 투명하게 공개되면, 정파적인 결정, 어느 계층이나 집단에게만 유리한 편파적인 결정, 혹은 자의적인 결정

등이 상당히 방지되는 효과를 기대할 수 있다. 결정에 참여하는 사람의 면면이 알려지고, 결정의 배경과 동기, 결정에서 사용된 중요한 판단기준 등이 공개되도록 한다면, 공공의 이익에 반하는 결정, 정당성이 부족한 결정의 가능성은 낮아질 것이기 때문이다. 둘째, 정책결정 과정에 참여하는 사람들이 자기들의 결정에 대하여 책임을 추궁당할 가능성이 높기 때문에 더 신중하게 결정에 임하게 될 것이다. 셋째, 이런 이유들로 인하여 정책의 질이 향상되면 그 당연한 결과로 정부와 정부의 결정들에 대한 시민의 신뢰도가 올라갈 것이다. 넷째, 정책결정의 투명성이 확보되면 다양한 계층과 분야의 사람들의 관심과 참여를 얻기 쉽다는 것도 장점이다. 다양한 문제의식이나 관점 또는 시각이 반영될 가능성이 높아지면, 정책이 졸속으로 결정되는 일도 적어지고, 정책에 대한 편파적, 편향적 접근도 크게 줄어들 것이다. 더 중요하게, 잘못된 결정에서 야기되는 정책오차(policy error)를 미리 예방하거나 수정할 가능성도 훨씬 커질 것이다. 또한 국민들 간에 정책토론이 활발해지고, 자연스레 정책결정 과정에서 피드백을 통한 학습이 더 원활하게 일어나며, 더 세련된 정책이 만들어질 가능성이 높아질 것이다. 다섯째, 정책결정 과정의 투명성이 높아지면 그 여파로 기업과 국민의 의사결정에 충격을 줄 만한 결정은 이루어지기 어려우므로 이들의 의사결정 예측 가능성이 높아지고 따라서 경제 성장에도 긍정적인 영향을 미치게 될 것이다.

　이렇듯 투명성은 전반적으로 정책결정을 건전한 방향으로 유도할 가능성이 높다. 하지만 그렇다고 하여 모든 정책결정이나 정책의 결정 과정이 마치 어항을 들여다보듯이 투명해야 하는 것은 아니다. 그에 따르는 위험도 적지 않다. 첫째, 대중의 요구나 압력이 증가하면서 그에 따라 의사결정이 이루어지거나, 반대로 대중이 싫어하거나 꺼리는 결정은 이루어내지 못하는, 그래서 정책과 제도가 대중영합주의적인 방향으로 흘러가거나 표류할 가능성이 커질 수 있다. 둘째, 공개된 정보의 오용과 남용의 위험성이 있다. 정책의 내용에 따라서 비밀을 유지해야 하는 경우도 적지 않기 때문이다. 국가안보와 외교에 관한 결정은 많은 부분이 이에 속한다.

　예컨대 첨단병기들이 어디에 어떻게 배치되어 있고, 어떤 식으로 사용하도록 되어 있는지, 혹은 군사 편제는 어떤지가 가상의 적에게 누설된다면 전력 강화에 심각한 타격을 입힐 게 뻔하다. 이런 정보에 접근하려고 혈안이 되어 있는 적의 스파이들의 손에 국가 기밀정보를 쥐여주는 꼴이 되고 말지 않겠는가? 일반 국민이 무기체계나 군사배치 등을 알게 된들 그것이 국가에 무슨 이득이 되겠는가? 물론 방위산업 비리 사건에서 보듯이, 국가안보 관련 사항이기에 소수에 의한 비밀스런 결정 방식이 불가피한 측면이 있을 수 있지만, 그래서 결정이 잘못 내려질 가능성이 높다면 그것도 문제가 아닐 수 없다. 바로 여기서 어떤 경우가 되었든 투명성 제고를 통해 얻는 이익과 잃게 될 손실을 반드시 비교해 보고, 그에 맞게 정보공개의 적절한 수준을 정해야 할 필요성이 있음을 잘 알 수 있다.

투명성 제고를 위한 정보 제공의 수준도 문제지만, 정보공개의 대상도 문제가 된다. 예컨대 고도의 전문적 판단이 필요한 경우에는 전문가들만이 참여하는 방식이 적절하다. 이런 사안에 대하여 관련 정보가 널리 공개되고 그래서 비전문가들 다수가 결정에 참여하게 되면, 수적 우세를 이용한 억지 주장이나 선동의 우려가 있기 때문이다. 그런데 최근에는 정부의 정책결정에서 자격을 갖춘 소수 전문가에게만 세밀한 정보를 제공하고 정책결정을 일임하는 민주주의 정부의 일반적이고 전통적인 의사결정 방식이 도전을 받기 시작하였다. 예컨대 기준이자율 결정은 금융통화위원회의 소수 전문가가 비공개로 결정해 왔다. 그것은 지금도 변함이 없다. 그런데 이런 결정에서까지 외부 압력이 강해지고 있고, 특정 이익집단이나 로비 단체 등이 '여론몰이'하는 경우들이 나타나고 있다.

고도산업사회, 고도기술사회에서 매우 복잡하고 그래서 해결하기 어려운 문제들의 해법을 찾기 위해 위원회 형태의 조직들이 일반적으로 널리 이용되는 추세이다. 해당 주제에 정통한 전문가들의 전문적 판단에 의존하는 것이 합리적이라는 판단 때문이다. 그런데 이런 관례가 도전을 받고 있다. 대표적인 예가 원자력 안전위원회이다. 원자력발전소의 유지와 운영을 위원회의 전문가들 판단에 맡겨온 관행에 대하여 몇몇 반핵시민단체들이 원자력발전소의 안전 문제를 소수의 전문가에게 일임해 두어서는 안 된다며 강력하게 반발하고 나선 것이다. 소수 전문가에게 판단과 결정을 일임했다고 해서, 모든 판단과 결정이 자의적이고 편파적으로 흐르는 것은 아니고, 실제로 그렇다고 볼 만한 명백한 증거도 없다. 그런데도 원자력 발전과 관계된 모든 정보를 투명하게 공개해야 한다고 주장한다면, 그것은 무엇을 얻기 위한 투명성이며 누구를 위한 개방성인지 따져봐야 한다.

투명성과 개방성이 민주주의의 절대선은 아니다. 그것은 현명한 정책 선택을 얻기 위한 범위 안에서 정당화된다. 정보가 공개되고 투명성이 확대되면 권력의 남용도 없고 정책 실패도 확실히 막을 수 있다고 믿는 것은, 부분적 이익을 절대적 이익으로 착각하는 개념적 오류이다. 원래 투명성은 정책에 대한 치밀하고 정교한 토론을 얻기 위한 방책이다. 개방성과 투명성이 도를 넘게 되면, 차분한 토론을 불가능하게 만드는 경우도 나타난다. 정책결정에서 개방성과 투명성을 강조하다 보면, 결정 과정에 참여하는 정치인이나 공무원 등이 어떤 의견을 개진하고, 무엇에 찬성하거나 반대한다는 사실마저 낱낱이 밝혀지게 된다.

예컨대 정책 사안이 극단적인 이념의 대립이나 이해관계의 대립을 내포하고, 정책 방향에 따라 국민이 입게 될 이익과 손해가 분명하게 엇갈리는 경우, 정책결정 과정에서 참여자들이 개진한 발언 내용이나 의결 내용의 상세한 부분들이 공개된다면, 혹 있을지 모를 비난이나 위협이 두려워 속마음을 정직하게 토로하기 힘들다. 자연히 회의 내용이 피상적으로 흐를 수 있다. 요즈음 모바일 네트워크에서 심심치 않게 벌어지는 '신상털이'는 이러한 위험성을 방증한다. 여기서 더 나아가 회의 참가자들을 합당한 근거 없이 비난하고 화풀이하거나 테러를 가하는 사태도 생겨날 수 있다. 이런 상황 아래서 정책에 대한 치밀하고 정교한 토론은 불가능하다.

정책결정의 투명성 제고가 이익보다 훨씬 큰 손실을 낳는 경우는 이뿐만이 아니다. 논의 과정에서 공개된 정보를 취득한 사람이 그 정보를 이용하여 사익을 추구할 가능성이 큰 사안의 경우에는, 정책의 효과와 공정성이 크게 훼손될 것이다. 그럴 때는 논의 과정이나 내용을 상당 기간 비공개로 남겨두는 게 좋다.

국민의 '알 권리'를 더 중요시하고 우선한 나머지 정책 관련 내용이 공개되면, 본격적인 논의가 채 시작되기도 전에 성급하게 여론이 형성될 수도 있다. 그리하여 좋은 정책을 선택하기보다 다수가 원하고 지지하는 정책을 쉬 선택해 버리고 마는 과오에 빠지기 쉽다. 다수의 선택이 항상 현명한 선택을 보증하지는 못한다. 투명성이 보장되어야 한다는 주장의 요체는 심도 있는 논의를 통하여 현명한 선택을 얻고자 하는 데 있는 것이지, 좀 더 많은 사람이 참여하고 좀 더 많은 관심이 기울여지도록 하는 데 있지 않다. 더 넓은 범위의 사람들이 참여해 의견을 개진할 수 있게 하면 정책결정 과정이 심히 지체되거나 갈등의 심화로 교착상태에 빠져들어 옳은 결정을 내리기가 더 힘들어질 수도 있다. "소시지와 정책은, 그것들이 어떻게 만들어지는지의 과정을 보지 않는 것이 좋다."는 비스마르크의 말은 이런 이치를 함축한 말이다.

이런 맥락에서 정책결정의 투명성 문제는 책임성 문제와 결부하여 생각하는 것이 필요하고, 도움이 될 때가 많다. 양자를 분리해서 생각하면 불합리한 판단과 선택에 이르기 쉽다. 정책을 옳게 결정해야 할 책임은 투명성을 통해 얻을 이익 및 손해와는 차원이 다르기 때문이다. 예컨대 어떤 정책으로 피해를 볼 가능성이 있는 사람들의 의견이 정책결정에 반영될 때, 민주적 참여의 원리가 충실히 실현되는 것으로 볼 수 있지만, 그들에게 참여를 허용하고 관련 정보를 충실하게 제공한다고 해서 그것이 옳은 결정에 이르는 데 도움을 줄 것인지는 신중하게 또 면밀하게 따져봐야만 할 사항이다. 마찬가지로 정책의 이해 당사자나 관계자에게 의견 개진의 권리를 부여하는 것이 책임성 면에서 당연하지만, 이 경우 그런 권리를 가진 사람들의 범위를 정하는 일은 쉽지 않다.

정보가 투명하게 공개된다고 모든 국민이 다 옳은 판단을 하

『조선왕조실록』의 하나인 『세종실록』. 실록은 사관(史官)이 작성한 사초(史草)를 바탕으로 편찬하였다. 사초는 당대의 국왕은 볼 수 없었다.

는 것은 아니다. 2008년 '광우병 파동'에서 볼 수 있었듯이, 정보 공개의 이름으로 가짜 정보가 유포될 수 있다. 수많은 사람이 가 짜 뉴스와 허위 정보를 옳은 정보로 믿고 억지 주장을 펴서 불신 을 유발하고 정책 방향을 왜곡시킨 사례들이 적지 않다.

국민의 '알 권리'라는 한 측면만 바라보고 정보를 투명하게 공 개하라는 요구는, 그 정보가 공개되어 이익을 보는 사람들의 요구일 수 있다. 정보 공개 자체가 저절로 더 좋고 옳은 정책을 보증하지 못하거니와, 모든 국민에게 공통의 이익을 보장하는 것도 아니다. 따라서 그것은 정책결정에서 고려해야 하는 여러 다른 차원을 아울러 종합적으로 판단해야 한다.

끝으로 여기서 혼동하지 말아야 할 사항이 하나 있다. 정책결정 과정의 투명성 문제와 정책결정 과정에서 생산된 정보를 잘 기록해 두고, 그 기록물들을 일정 기간이 지난 후에 공개하는 문제는 서로 차원이 다르다는 점이다. 국민의 '알 권리'라는 개념에서 시작한 정책결정 과정의 투명성 보장은 당장의 문제에 관련되어 있지만, 경험의 기록은 미래에 공개될 대상이다.

정부 정책에 관한 기록들은 최대한 확보되고 장기간 보존되어야 한다. 그리고 일정 기간이 지난 후에(예컨대 30년, 또는 50년) 반드시 공개되어 후대가 교훈을 얻는 학습자료로 활용될 수 있어야 한다. 차후에 재검토를 통해 오류가 바로잡힐 여지를 열어두어야 한다. 이미 내린 선택을 고치거나 되돌릴 수는 없는 노릇이지만, 다음번에는 국민이 똑같은 실수를 저지르지 않을 정부를 선출할 수 있게 말이다. 조선시대에 사초(史草)는 당대의 국왕에게는 절대 공개하지 않고, 사후에야 실록 작성의 재료로 삼았다. 이런 위대하고 자랑스런 전통을 가진 나라에서 기록유산의 중요성과 가치를 망각하고 함부로 파손하거나 훼손한다면 심히 부끄러운 일이다.

20. 시민단체는 정말 시민을 위한 단체인가?

민주주의가 발전하기 위해서는 건전한 시민사회(civil society)가 뒷받침되어야 한다는 주장이 있다. 민주주의의 선진국으로 평가받는 미국이나 영국, 프랑스, 독일, 그리고 일본까지도 이런 주장의 타당성을 입증해 주는 듯 보인다. 다소 어색한 표현이지만, 시민사회를 공적인 목적을 추구하는 시민들의 자발적 집합체 또는 이들이 활동하는 공간 정도로 이해한다면, 이 공간에서 주도적인 역할을 수행하는 존재가 단연 '시민단체'라고 말할 수 있다. 여기서 말하는 '시민단체'는 '비영리단체,' '비정부기구(NGO),' '시민사회단체,' '자원봉사단체' 또는 '공익단체' 등을 널리 포괄한다.

국가와 시장에 대비되는 개념으로서 시민사회라는 말이 등장한 것은 민주주의 발전의 역사와 관련이 있다. 국가의 일을 담당할 사람들을 국민이 선출하는 대의민주주의는 18세기 말에 나타난 위대한 사회적 창안이었다. 19세기 말에 와서 사회가 발전하면서 정부 관료제를 근간으로 국가를 대표하는 정부의 뼈대가 갖추어지고, 공적인 활동 영역과 사적인 활동 영역이 구분되는 큰 변화가 일어났다. 이런 변화의 흐름 속에서 국가도 시장도 아닌 '시민사회 활동'의 담당 주체로서 '시민단체'의 출현은 20세기 후반의 위대한 사회적 변혁의 하나다. 물론 그 이전에도 자발적인 시민들의 모임이 없었던 것은 아니지만, 시민단체들이 민주주의의 발전을 이끄는 일에 주도적인 역할을 한 것은 최근의 일이다.

이런 역사적 변화의 배경과 원인 등에 대해 여러 측면과 차원에서 논의할 수 있겠지만, 여기서는 '수많은 시민단체는 정말로 시민을 위한 단체인가?' 하는 질문만을 다루어 보려고 한다. 여기서 이 질문에 관심을 집중하고자 하는 이유는, 보통 시민들이 시민단체를 어떤 눈으로 보고 어떻게 대응해야 할지 혼란스러워하는 면이 있기 때문이다.

우선 시민단체는 **비영리단체**로서 일반 시민들이 자발적으로 만든 **자율적 단체**를 지칭한다. 정부에서 공적 목적을 위해 만든 것이 아니지만, 공공적 이익은 아니더라도 최소한 공동의 이익을 증진하기 위한 조직이라야 시민단체의 이름을 걸 자격이 있다. 예컨대 환경이라는 공익을 보호하기 위한 단체, 또는 소비자 보호 목적의 단체 등이 이에 속한다. 시민단체들은 일반적으로 조직의 규모가 크지 않고, 끼리끼리 모이는 특성이 있다. 예컨대, 환경보호에 관련된 시민단체의 예만 보더라도 '공해추방운동연합,' '환경운동연합,' '한살림모임,' '반핵평화운동연합,' '녹색연합,' '여성환경연대,' '생명의 숲' 등 다양하다. 이 이외에도 '북한산 쓰레기수거 여성모임,' '울산공추련(공해추방연합)'같이 지역을 기반으로 하는 환경보호단체나 모임도 있는데 그 숫자를 헤아리기 어려울 정도다.

크지 않은 단체들이 각자 독특한 설립 목적을 갖고 있다. 예컨대 환경보호라는 범주 안에서도, 서로 다른 영역에서 서로 다른 활동들을 한다. 필요한 경우에 서로 연대하기도 하지만, 각자 개별 조직으로 자율적이고 자치적으로 활동하기를 원하는 편이다. 그 대가는 조직으로서 생존해야 하는 부담이다. 이런 이유로 어떤 단체는, 조직 및 재정 기반이 빠르게 확충되어 큰 영향력을 행사하는가 하면, 근근이 운영되는 단체들도 허다하다. 상당수의 시민단체가 설립 당시의 목표를 실현하기 위한 활동 이외의 일에 관여하거나, 때때로 공공의 이익과 어울리지 못하는 활동을 하기도 하는데, 그 중요한 이유 중 하나가 이와 관련이 있다. 실제로 상당히 많은 시민단체가 공공적 목적을 표방하지만, 사실은 특정 정권이나 세력의 이익을 위해 봉사하기도 하고 때로 협조하기도 하는 경우도 드물지 않게 볼 수 있다. 의도가 선하다

해양 보호 활동을 펼치던 그린피스 소속의 레인보 워리어(Rainbow Warrior)호. 그린피스는 우리나라를 비롯해 세계 여러 나라에 지부를 두고 있는 국제 환경보호단체이다.

고 행동의 결과가 반드시 선하게 나타나는 것은 아니다. 왜 이런 현상이 시민단체의 활동에서 흔히 발견되는 것일까?

우선 시민단체의 등장 배경에 주목할 필요가 있다. 시민단체 들은 20세기 후반 이후 우후죽순(雨後竹筍)처럼 생겨났다. 후기산 업사회로 들어서면서 나타나는 수많은 사회 문제들을 정부가 적절하게 해결하지 못하기 때문이다. 예컨대, 경제적 불균형, 인 권 문제, 환경 문제, 청소년 문제, 소비자 보호, 최근에는 정보격차 문제까지 다양한 부문과 분야에서 정부가 미처 혹은 충분히 대처하지 못하게 되자, 시민들 스스로 사회적 문제를 해결해 보겠다는 의도를 갖고 출현하게 된 것이 시민단체라는 말이다. 정작 문제는 이런 사회 문제들이 언젠가 해결되어야 할 과제인 것은 분명하지만, 그 해결책이나 방향, 혹은 전략이 사람마다 가지각색일 수밖에 없다는 데 있다. 이것은 시민단체들이 이념적 성향에 따라, 가치관에 따라 각양각색의 분파로 갈라지면서 난립할 수밖에 없다는 사실을 암시한다. 후기산업사회에 접어들면서 중산층이 넓어지고, 높은 학력을 지닌 시민 세력이 공공의 일에 관심을 키워가고 있는가 하면, 컴퓨터와 인터넷 같은 정보통신기술은 공동의 관심사를 결집하여 조직화하는 비용, 즉 조직비용 (organization costs)을 줄여주고 있어서 시민사회의 분화, 극히 다양한 시민단체의 출현 현상은 날이 갈수록 격화될 전망이다.

다음으로 시민단체의 설립을 주도하거나 이들 단체에 참여하여 사회 문제의 해결을 위해 노력하는 일은 정치적 야망가들이 자신의 포부를 달성하는 안성맞춤의 통로가 되고 있다. 물론 진정으로 순수한 의도에서 공인된 사회 문제의 해결을 위하여 또는 공익의 증진을 위하여 희생적으로 봉사하려고 나선 사람들이 대다수라고 봐야겠지만, 처음부터 정치적 야망을 달성하려는 의도에서 시민단체의 설립을 주도하거나, 아니면 순수한 활동을 하다가 정치적 야망을 키우는 경우가 적다고는 볼 수 없을 것이다. 이 경우를 특별히 언급하는 이유는 시민단체가 정치적 의도를 갖거나 정치에 몰입하게 되면, 시민단체의 순수성 시비가 일어날 가능성이 당연히 커질 수밖에 없기 때문이다.

여기서 시민단체의 급조와 난립을 무조건 문제 삼으려는 뜻은 없다. 시민단체들 사이의 통일된 활동을 기대하기가 쉽지 않은 만큼, 시민단체들이 각양각색으로 구성되고 활동하도록 분위기를 조성할 필요성도 있다. 다양성 속에서만 비슷한 시민단체 간에 경쟁이 야기되고, 더 멋있게 공공의 이익을 구현하려는 단체들이 시민의 사랑과 지지를 받으면서 시민단체의 대종을 이루게 될 것이다. 다른 한편으로 다양한 시민단체의 등장은 사회 문제 해결의 창의성을 높이는 데도 기여할 것이다.

더 나아가 시민단체의 다양성은 민주주의를 건전하게 유지하는 데 도움을 준다. 국가나 지방의 정책결정 과정에서 시민단체들이 서로 다른 다양한 견해를 발표함으로써, 훨씬 폭넓은 검토를 가능하게 만든다. 간혹 예외가 있기는 하지만, 전반적으로 건전한 시민단체들이 정부에 국민이 원하는 바를 더 구체적이고 정확하게 전달하는 의견 투입 창구로서의 역할을 한다고 보아야 할 것이다. 정부에서 이들의 활동을 존중하고 잘 활용한다면, 국정운영의 '보완적' 기구가 될 수 있다. 복지정책 분야에서 수많은 복지재단이나 종교재단을 활용하는 것이 좋은 사례이다.

다양한 시민단체의 등장과 활동이 가지는 이런 여러 가지 순

기능에도 불구하고, 시민단체의 난립은 우려의 대상이라고 말하지 않을 수 없다. 시민단체가 본래의 의도와 목적에서 동떨어진 활동을 하도록 만드는 핵심 요인이 시민단체의 난립이기 때문이다. 어떤 조직을 막론하고 조직은 일단 생기고 난 다음에는 조직의 생존을 최우선 과제로 삼기 마련이다. 이것을 '과두제(寡頭制) 조직의 철칙'(iron law of oligarchy)이라고 부르기도 한다. 조직이 당초의 설립 목적이 아니라 조직의 생존에 매달리기 시작하면, 제3자의 눈으로 보기에 비상식적인 일들이 쉽게 자행될 수 있다. 공동체 정신을 망각하고 자기들의 이익 추구 활동을 공공의 이익으로 포장하거나 위장하고 강변하는가 하면, 정부나 사회의 문제점을 열심히 지적하면서도 자신의 결함이나 문제점에 대해서는 외면하고 비판의 화살을 무조건 회피하고 보려는 모순적인 행태를 보이기도 한다. 시민단체들 중에는 간혹 자신들의 견해를 강요하기 위해 폭력시위 등으로 사회 전체에 큰 비용을 유발하는 경우도 없지 않다. 정부 정책을 비판할 권리만 있는 것이 아니라, 자신의 선택과 활동에 책임을 져야 하는 존재가 시민단체인 만큼 진정으로 공공의 이익 향상을 위해 존재하는 시민단체라면 스스로가 공적으로 떳떳한 처신을 하지 않으면 안 된다.

그렇지 못한 사례들이 다수 등장하고 있음에도 불구하고, 시민들이 또는 정부가 정치적 편향성을 보이는 시민단체, 공익을 일탈한 시민단체를 향하여 사회적 책임을 추궁하거나 적절한 통제를 가하기는 쉽지 않다. 일반 시민들의 자발적 조직이라는 시민단체의 독특성에 기초하고 있는 이상, 현재로서는 시장원리에 따라 본래의 목적과 의도에서 벗어난 행태를 보이는 단체들이 시민들의 비판 대상이 되고 지탄을 받아 시장에서 사라지기를 바라는 것 외에 다른 뾰족한 방법이 없어 보인다. 한편 민주사회에서 대표성과 정당성, 공익성이 높은 시민단체의 기여 가능성을 고려한다면, 또 시민단체는 일반적으로 행정부가 계획하고 추진하는 정책들의 감시자 및 견제자로서 기능하기 때문에, (행정부가 아닌) 국회가 지원제도를 만들고 좀 더 공익적인 활동에 매진하는 단체들을 선정하거나 사업목적 유형별로 선택적으로 보조하는 등의 방법은 강구해 볼 필요성이 있다. 다만 국민을 대표하는 국회가 양당 합의 차원에서 이런 지원 프로그램을 운영할 때에도 시민단체는 가능한 한 시민들의 자발적 조직으로 남아 있을 수 있는 게 최선이라는 사실을 충분히 감안해 조심스럽게 또 점진적으로 접근하는 것이 좋을 것이다.

21. 민주주의 국가는 왜 갈등을 당연시하며 관리 대상으로 보는가?

각양각색 사람들이 모여서 살아가는 게 사회인지라 어느 사회에나 갈등은 있기 마련이다. 갈등이 없다면 그게 오히려 비정상이다. 그런데 대부분의 정치체제에서는 갈등의 존재를 비정상으로 보고 매우 부정적으로 다룬다. 갈등을 야기하거나 부추기거나 조장하는 사람을 일방적으로 반체제적인 존재로 몰아세우고 탄압하기도 하기 때문에 사람들은 갈등의 표출을 꺼리고, 국가는 갈등을 억압해 겉으로는 갈등이 없는 사회처럼 보이게 된다. 민주주의는 갈등을 부정적으로 보지 않는다. 오히려 갈등을 국가와 사회발전의 기회와 원동력으로 삼는다. 아마도 이보다 더 뚜렷이 민주주의 체제의 차별성과 우월성을 드러내는 요소는 없을 것이다.

민주주의 국가에서 사회갈등을 부정적으로 보지 않는 이유는 무엇일까? 첫째, 민주주의가 추구하는 최고의 가치가 국민의 자유와 권리의 보호이기 때문이다. 민주주의는 인간이라면 누구나 독립적이고 자유로운 삶을 희구(希求)한다고 보며, 이런 소망을 달성하기 위해서는 각자의 몸과 정신, 인권과 재산권이 보장되어야 한다고 본다. 이런 이유로 제대로 된 민주주의 국가는 타인의 자유와 권리를 침해하지 않는 범위 내에서 개인의 자유와 권리의 최대한 보장을 국가의 존재 이유이자 목적으로 삼는다. 그러므로 민주주의 국가와 사회에서는 국민 개개인이 각자의 자유와 권리를 최대한 누리고 행사하는 과정에서 대립하는 주장이 생겨나고 또래또래의 세력이 생겨나는 것은 불가피하다. 각자 생각이 다르고, 인생관, 사회관, 국가관이 다른 이상, 크고 작은 마찰과 갈등은 일상적인 일이라고 본다.

민주주의 국가가 사회갈등을 부정적으로 보지 않는 두 번째 이유는, 이렇게 생겨나는 갈등이 역설적으로 국가와 사회발전의 중요한 원동력이 될 수 있다고 보기 때문이다. 국민이 한껏 자유를 누리고 각자의 목적 달성을 위해 자신의 권리를 행사할 때, 즉 각자의 자유와 권리가 아무런 부당한 침해나 방해를 받지 않을 때, 개인의 창의가 꽃 피고, 개개인의 능력과 잠재력이 빛을 발할 수 있다고 보는 것이다. 국가와 사회가 발전하려면 각자가 새로운 일에 도전하고, 거기서 나오는 새로운 아이디어의 실험, 지속적인 혁신이 필수적이다. 이렇게 새로운 일들이 도모되고,

새로운 아이디어가 실험되며, 부단히 혁신이 이루어지는 과정에서 진보주의자와 보수주의자 간의 가치관의 차이, 경제적 이해관계의 상충 등으로 인해 사회갈등이 발생하는 것은 불가피하기도 하고 자연스러운 일이기도 하다.

예컨대 신기술이 개발되어 상용화될 때 대다수는 이를 반기겠지만, 그 기술의 채택과 응용이 환경이나 청소년에게 미칠 부정적 영향을 우려하여 반대하는 사람도 있기 마련이다. 그러므로 우버(Uber)나 '타다' 등 새로운 영업방식의 등장에 기존 택시 업계가 반발하는 것은 전혀 놀라운 일이 아니다. 에어비앤비(AirB&B)의 대두에 숙박업계가, 대규모 마트의 확산에 전통시장이 강력하게 반대하고 나서는 것 등도 마찬가지다.

이런 이유로 민주주의 사회, 민주주의 국가는 일반적으로 다른 정치체제의 사회와 국가보다 시끄럽고 소란스럽다. 심한 경우엔 무질서하고 혼란하며 뒤죽박죽으로 보일 수도 있다. 그래서일까? 이런 모습을 보고 민주주의 체제에 대하여 불평불만을 늘어놓거나 비난하는 사람들이 의외로 많다. 이것이 민주주의 사회의 정상적인 모습이라는 생각을 미처 하지 못하는 것이다. 민주주의 사회에서 국민의 자유와 권리의 보호 못지않게 관용(tolerance)이 높게 평가되는 이유도 이와 관계가 있다. 서로에 대하여 관대한 마음을 갖지 않으면, 다투고 싸울 일 천지인 것이 민주주의 사회이다. 자기의 생각과 관점은 무조건 옳고, 다른 사람의 생각이나 관점은 완전히 틀렸다는 편견과 독선이 지배적이면, 그 사회에서는 민주주의가 창조성의 꽃, 혁신의 꽃, 다양성의 꽃을 피워내기 어렵다.

민주주의 사회와 국가는 시끄럽고, 소란스러운 것이 정상이다. 어떤 면에서는 혼란스럽고 무질서하고 뒤죽박죽인 것처럼 보여야 정상이다. 거꾸로 말해 민주주의 사회라는데 국가와 사회의 일들이 조용하게, 일사불란하게, 또 일사천리로 결정되고 진행된다면, 그 사회가 정말 민주주의 사회인지 의심해 보아야 옳다. 일사천리, 일사불란은 권위주의 국가, 전체주의 국가, 독재국가의 특징이다. 이들 나라에서는 개개 국민이 자신의 자유와 권리, 그리고 자기 이익을 위해 주장을 펼치고, 자기의 권익을 침해하는 타인의 행동이나 국가의 처사에 반대하며 집단행동에 나서는 것은 상상조차 하기 힘들다.

국민의 자유와 권리의 보장을 최고의 가치로 삼는 민주주의 사회와 국가가 국민의 자유와 권리를 최대한 인정하고 보장하려면, 이 정도의 소란은 자연스런 일로 용납하지 않으면 안 된다. 이 같은 인식과 이해가 널리 공유되지 않으면, 민주주의 체제는 건강하게 유지되고 존속할 수 없다. 민주주의 사회와 국가가 그토록 중시하는 사상의 자유, 언론의 자유, 집회의 자유 같은 것들은 민주주의 체제의 유지를 위해 그 자체로 중요하지만, 동시에 그로 인해 발생하는 사회갈등과 대립을 최대한 용인하고 관용한다는 약속의 표현이라고 보아도 무방하다. 그러므로 민주주의 국가에서는 심지어 국가권력의 사용 또는 국가의 중요 사업과 정책 프로그램에 대한 모든 형태의 비판과 반대를 제약하지 않으며, 그로 인해 야기되는 사회갈등도 정상적인 것으로 본다. 권위주의 국가, 공산국가에서는 상상도 하지 못할 일이다.

더 나아가 제대로 된 민주주의 국가와 사회는 사회갈등을 순기능적으로 활용한다. 입장과 시각이 가지각색인 사람들이 서로 다른 의견을 제시해, 대화하고 토론하고 타협할 때 정책 실패의 소지와 실패 가능성을 줄일 수 있다고 본다. 이것만이 일사불란함으로 인해 발생하고야 말 일사불란한 실패의 위험성을 피할 수 있다고 믿는다. 사회갈등이 동반하는 상호 비판과 토론이 없으면, 국가의 중요한 의사결정이나 정책의 오차 교정은 어렵게 된다. 바로 이 부분에서 전제적인 국가 혹은 권위주의 국가가 사회갈등을 보는 시각이나 사회갈등을 다루는 방법은 민주주의 국가의 그것과 커다란 대조를 이룬다. 독재국가 혹은 권위주의 사회라고 해서 갈등이 없을 리 없다. 그러나 갈등과 대립을 강력하게 억압하기 때문에, 무서운 탄압, 심하게는 죽음을 각오해야 하는 일이기 때문에 잘 드러나지 않을 뿐이다. 갈등이 수면 아래 잠복해 있는 이상, 민주국가에서처럼 상호 비판과 토론을 통해 더 나은 선택과 결정에 이르는 일이 생겨날 수 없다. 갈등이 곪아 터져 급기야 폭력적인 혁명으로 발전하는 나라들은 바로 이런 나라들이다.

민주주의 사회와 국가는 사회갈등을 바라보는 관점에서뿐만 아니라, 사회갈등을 다루는 방법 면에서도 판이하다. 갈등은 공개되고, 적법절차에 따라 해소된다. 그러므로 민주주의 국가는 사회갈등을 원만하게 조정하고 해소하기 위한 제도와 절차, 심지어 예상되는 갈등을 슬기롭게 관리하기 위한 제도와 절차들을 잘 갖추고 있다. **민주주의 국가들은 갈등을 억압의 대상이 아니라 관리의 대상으로 본다.** 갈등이 허용되어야 다양성이 보장되고, 다양성이 있어야 창의력이 살아나며, 사회가 활기차게 움직인다고 믿는 까닭이다. 갈등을 억압 대상으로 보지 않고 관리의 대상으로 보는 것, 다시 말해 갈등은 억압해도 안 되지만, 그렇다고 폭력으로 흐르거나 파괴로 치닫도록 방치해서도 안 된다고 보고 갈등을 관리의 대상으로 보는 것만큼 민주주의 정치체제의 건강성과 탁월성을 잘 보여주는 지표는 없다.

　　민주적 제도와 절차들은 거의 모두가 정치사회적 갈등의 관리와 해결을 위한 방편들이라고 해도 과언이 아니다. 예컨대 민주국가의 자유선거, 일반선거 제도는 평화적인 정권교체 수단이다. 대부분의 인류 역사에서 정치권력의 교체는 거의 언제나 폭력적으로 이루어졌다. 과열되기 쉬운 게 선거인지라 공명선거를 위한 매우 세세한 선거법 규정들을 두고 있다. 선거기간에는 경쟁 정당과 후보자 간에 '죽고 살기 식'의 극한 대립이 펼쳐지지만, 이런 민주적 제도와 절차 덕에 선거가 끝나면 결과에 승복하고 승자에게 축하 인사를 건네는 것이 민주주의의 멋진 관행이다. 3권분립 제도 역시 정치사회적 갈등을 건설적으로 활용하는 면에서 민주주의 국가에만 있는, 매우 역설적인 성격을 지닌 제도의 전형이다. 이 역시 갈등의 존재를 당연한 것으로 전제하지 않고는 생각하기 어려운 제도 설계라 할 수 있다. 대다수 민주국가의 헌법이 복수정당 제도를 채택하고 있는 것도 동일한 이유에서다. 정당 간에 대립과 갈등이 있어야 일당독재를 막을 수 있고, 다수의 정당이 서로 갈등을 일으키고 경쟁할 때, 더 창의적인 정책이 나올 수 있다고 보는 것이다.

한마디로 말해 민주국가의 헌법은 사회의 갈등을 표출하기보다 갈등을 숨기는 것이 오히려 더 위험한 결과를 낳는다는 인식에 기초해, 사회갈등을 제도화(institutionalization of social conflicts)하고 있다. 민주주의 제도에는 사회에 있기 마련인 갈등을 잘 소화해 내고 승화시키기 위한 각종 지혜와 예지가 담겨 있다. 민주주의를 '타협의 예술'이라고 말하는 것도 이런 이유에서다.

민주주의 국가에서 대립과 갈등이 제도화된 영역은 비단 입법의 영역에서만이 아니다. 행정부 내에서도 여러 부처가 정책을 두고 서로 경쟁하고 갈등하고 대립하는 것을 흔히 볼 수 있다. 예컨대 산업자원부는 에너지 생산에 유리한 정책을 선호하지만, 환경부는 친환경 에너지 정책을 선호한다. 이런 행정기관 간의 갈등을 부정적으로 보는 사람들이 많다. 부처 이기주의, 부처

St. Stephen's Review Presentation Cartoon, Oct. 27th, 1888.

ERIN   PARNELL   DAY   SMITH   HANNEN   WALTERS   BRITANNIA

AN OLYMPIAN CONTEST
or
AN IRISH EXHIBITION,
Bas Relief discovered hereafter by Macauley's New Zealander.

로마 검투사 복장을 한 아일랜드의 두 정치 지도자가 재판관 앞에서 싸우고
있다. 아일랜드의 독립을 두고 대립한 두 정치세력을 풍자한 정치만평이다.

할거주의에 빠져 있다는 비판의 목소리가 흔하다. 하지만 생각
해 보시라. 진정 부처 이기주의가 문제라면, 굳이 부처를 여러 개
로 나누어 설치할 필요가 무엇이겠는가? 행정부에 여러 부처를
둔 것은 다양한 시각에서 국가정책을 들여다봄으로써, 서로 다
른 의견을 내고 그런 의견들이 경쟁하는 가운데 최선의 정책이
만들어지도록 하기 위해서다. 부처간 협의 제도, 관계장차관회의
제도, 국무회의 제도 등은 모두 민주주의의 핵심 원리인 견제와
균형의 원리의 작동을 통한 갈등 해결 장치들이다.

민주주의 국가에서 갈등은 우선적으로 정치권과 국회, 그리고 언론 등을 통한 대화와 토론의 장에서 풀어나가고 줄여나가는 것이 기본이다. 이것이 가장 바람직하지만 대화와 토론을 통한 합의 형성이 가능하지 않을 때, 최종적으로 의지할 수 있는 국가기관이 사법부이다. 제6장에서 보았듯이, 민주주의 국가에서 최종적이고 궁극적인 갈등 해결 기구는 사법부이다. 다른 대안이 없는 이상, 사법부의 최종적인 판단은 불가피하다. 민주국가에서 사법부의 독립성과 정치적 중립성을 그토록 강조하는 이유가 바로 여기에 있다. 이것이 전제되지 않는다면, 갈등의 불씨는 꺼지지 않고 계속 타 올라 파괴적이 될 수밖에 없다. 사법부의 독립성, 정치적 중립성과 함께 모든 사법절차의 합법성이 철저하게 보장되어야 할 이유가 여기에 있다.

주지하듯이 법원의 판결 과정에서는 서로 입장이 다른 쌍방의 소송 당사자가 본인이 직접 또는 변호사의 조력을 받아 상호 공방을 벌인다. 그리고 법관은 오로지 법과 양심에 따라 판결하게끔 되어 있다. 법관의 판결에 이의가 있는 측은 고등법원에 항소하거나 대법원에 상고할 수 있다. 국가나 지방자치단체 등이 당사자가 되는 소송의 경우도 유사한 절차를 따른다. 심각한 정치사회 갈등의 대부분은 이념이나 가치가 뒤엉켜 있는 경우가 많다. 그것들은 궁극적으로 헌법의 이념과 가치에 의해 판단될 사안이므로, 헌법재판소 같은 기구를 설치 운영하기도 한다.

이상에서 검토한 바와 같이 민주주의 체제는 갈등의 존재를 당연시하고, 갈등 해결을 위한 다양한 제도를 잘 갖추고 있다. 그렇다고 해서 민주주의 국가의 사회갈등이 언제나 신속하게 해소되어 평온한 상태를 지속하는 것은 물론 아니다. 이러저러한 갈등은 끝없이 계속된다. 심지어 갈등의 해결 방식을 두고 새로운 갈등이 생겨나기도 한다. 그런가 하면 이 세상에는 다양한 사람과 세력이 존재하고, 그 가운데는 갈등의 해소보다 갈등의 증폭을 통해 자기 입장을 강화하려는 부류도 있다. 갈등이 증폭될수록 사태가 자기에게 유리하게 돌아갈 것이라고 예상해 갈등 해소 노력을 거부하거나 심지어 훼방하기도 하니 갈등의 해결이나 관리가 그리 간단한 문제가 아님을 누구도 부인할 수 없다.

그러나 여기서 반드시 짚고 넘어가야 할 사실이 하나 있다. 그것은 갈등의 완전한 해소 혹은 갈등의 부재가 이상적 민주주의를 뜻하지 않는다는 사실이다. 민주주의 사회와 국가에서 사회갈등이 빈번하게 야기되고 만연하는 것을 보면서 민주주의에 대하여 회의적인 태도를 보이는 사람들이 적지 않으나, 이런 사람이 늘어나는 것은 위험하다. 이 사람들이 깊이 깨달아야 할 것은 "갈등을 피하는 길이 전혀 없는 것은 아니나 그 길은 필경 전체주의로 가는 길"이라는 사실이다. 그 길로 가면 필연적으로 국민의 자유와 권리가 억압된다. 국민의 자유와 권리가 억압되면, 개인의 창의성, 사회의 다양성과 역동성이 위축되면서 국가와 사회는 활력을 잃고 퇴보할 수밖에 없다. 거듭되는 역사의 교훈을 잘 되새기고 잘 살려낸 제도와 체제, 그것이 바로 민주주의 제도이고 민주주의 체제이다. 우리가 이 책의 제목을 『그래도 민주주의』라고 정한 이유가 여기에 있다.

22. 민주주의의 성숙을 위한 문화적 기반은?

"오랜 세월 전제왕조와 권위주의 체제에 길들여져온 한국은 민주주의를 하기에 부적합하다."고 생각하고 그렇게 주장하는 사람들이 없지 않았다. 예컨대 박정희 대통령은 유신헌법을 제정하면서 순수한 형태의 민주주의는 한국에 맞지 않는다는 핑계를 댔다. 유신체제가 왜 '한국문화에 적합한' 민주주의 방식인지에 대한 논리적 설명도 물론 제시되지 않았다. 1987년 민주항쟁 이후 유신헌법이 폐지되고 현행 헌법이 제정된 지 40년 가까이 우리나라의 민주주의는 나름대로 정착-공고화-성숙의 3단계를 차근차근 밟아와, 이제 민주주의 체제가 한국의 문화에 적합하지 않다거나, 우리나라에는 민주주의를 위한 문화적 기반이 전혀 없다고 말하면 미친 사람 취급을 면치 못할 정도가 되었다.

자유민주주의 국가에도 사회가 있고, 그 사회를 떠받치는 문화가 있다. 문화는 그 사회에 사는 사람들의 행동양식(way of living)으로서, 알게 모르게 개개인의 행동 하나하나에 영향을 미친다. 자기와 타인의 자유와 권리를 보호하기 위해 누구나 지켜야 하는 개인 행동규범, 또 공동체의 일원으로 살아가기 위해 누구나 받아들이는 사회규범과 관습, 그리고 그것들이 역사적으로 변천하면서 만들어진 전통 등이 하나로 어우러져 문화가 형성된다.

또 문화는 역사성이 있다. 하루아침에 만들어지지 않지만, 하루아침에 바뀌지도 않는다. 법률이나 행정명령 등의 인위적인 제도, 혹은 공식적인 제도(formal institutions)에 의해 쉽게 개정되거나 폐지되지도 않는다. 오히려 법률과 공식적 제도들이 사회규범과 관습 등 비공식적인 제도(informal institutions)와 문화의 영향을 받아 굴절되고 변형되는 것이 일반적이다. 바로 여기에 민주주의와 더불어 민주주의의 문화적 기반을 생각해 보려고 하는 이유가 있다.

이런 시각에서 우리 사회를 보면 어떤가? 요즘 사회가 돌아가는 모습을 보면서, "과연 이런 자세나 정신상태로 민주주의를 잘할 수 있을까?"라고 의문을 던지는 사람들이 많다. 틈만 보이면 법을 무시하는 사람이 너무 많고, 불법이 횡행하는 사회에서 "나만 법을 지킨다고 뭐가 달라지겠는가, 나만 손해 보는 게 아닌가?" 자문하는 사람도 많아 보인다. 소위 '갑질'을 하는 사람들

1960년 8월의 제5대 국회 개원식 및 의장 선거 모습. 4·19혁명 이후 들어선 제 2공화국 정부는 다음해 발발한 군사 쿠데타로 짧은 수명을 마치고 만다.

도 주변에서 흔히 볼 수 있다. 뭔가 잘못되면 자기의 책임을 시인하기보다 남의 탓으로 돌리기 바쁜 게 요즘의 세태 같기도 하다. 시민의식의 모범을 보여야 할 국회의원들은 타협을 모르고 정치적 술수 찾기에 골몰한다. 민주화 시대에 적절한지 모르나 "윗물이 맑아야 아랫물도 맑다."는 속담이 무색할 지경이다. 민주주의를 선택한 국민답게 자기의 선택에 대하여 책임을 지고, 법과 제도를 잘 지키며, 남의 의견을 존중하고 건전한 토론을 즐기는 등 선진 시민문화가 발전하고 성숙하지 못하면 민주주의는 앞으로 나아가기 어렵다. 우리나라의 민주주의 나무를 잘 키워내기 위해서는 새로운 문화적 기질을 양성해야 할 필요성이 바로 여기에 있다.

민주주의를 위한 문화적 기반으로서 우리가 주목해야 할 요소들은 어떤 것들일까? 첫째, **겸손과 타협의 문화**이다. 민주주의는 원래 인간의 불완전성을 가정하는 제도이고 시스템이다.(제4장 참고) 아무리 똑똑한 사람도 잘못을 범할 수 있고, 아무리 선한 사람도 권력을 쥐면 부패하고 타락할 수 있다고 가정한다. 누구의 주장도 완벽하지 못하기 때문에, 서로 대화하고 토론하고 비판하는 과정을 거칠 때 더 나은 정책을 만들고 더 좋은 제도를 채택할 수 있다고 본다.

대화와 토론에 임해서는 상대방도 틀릴 수 있듯이, 자신도 틀릴 수 있음을 전제해야 한다. 비판도 이성적이고 근거(증거)를 바탕으로 삼아야 한다. 상대방의 의견을 존중하고, 자기주장을 너무 내세우거나 독선적이어서는 안 된다. 자신의 주장만 옳다고 우기는 사람은 인격적으로나 윤리적으로 인정을 받지 못하는 풍토를 조성해야 한다. 자신을 낮추고 상대를 대우하는 사람이 더 존경을 받는 그런 사회 관행을 만들어가야 한다. 어느 판단이 더 나은지 의견이 대립하고 상충할 때는, 서로가 조금씩 양보하고 타협할 줄 알아야 한다. 타협안이 반드시 더 우수해서가 아니라, 피차의 동의를 우선하는 것이 민주주의이기 때문이다.

둘째, 사회적 신뢰, 준법정신, 타인을 위한 배려, (우리 모두의 재산인) 공공재를 아끼는 마음, 애국심, 그리고 어려운 사람을 도와주는 이타적인 행동 등을 지칭하는 사회자본(social capital)을 키워가야 한다. 이러한 문화요인들은 비단 민주주의 사회뿐 아니라 어느 사회에나 유익한 덕목들로서 이것이 부족하면 더 높은 수준의 민주주의를 실현해 내기 어렵다.

예컨대 사회적 신뢰가 매우 낮은 수준이 되면 작은 부동산 매매계약에서조차 추가 공증이 필요하고, 보증인을 더 붙여야 하며, 계약위반에 대비한 공탁금을 걸어야 한다. 이런 불편과 추가 활동이 모두 사회비용(social cost)을 유발한다. 법을 무시하는 사람이 많을수록, 국가의 기본인 법과 질서를 유지하기 위해 공무원, 경찰과 검찰의 수를 늘려야 하고, 교도소를 증설해야 한다. 그것은 결국 국민의 추가 부담으로 돌아온다. 민주주의의 토양으로서 사회자본이 축적되고 문화 기반이 조성되어야, 이런 사회비용을 줄일 수 있다.

셋째, 민주주의가 성숙하려면 '공공정신'(public spirit)의 함양이 필요하다. 국가나 사회는 그것을 구성하는 시민 모두의 공공재이다. 그 공공재의 생산과 유지에 아무도 관심을 두지 않는다면, 성숙한 민주주의 사회는 꿈꾸기 힘들다. 공동체에 대한 관심과 참여, 공동체의 자산을 파괴하거나 손상하는 사람이나 단체에 대한 시민 고발, 공동체의 운영방식이나 미래에 대한 관심을 조직화할 수 있는 시민단체의 활동, 부정부패와 불법을 감시하는 시민정신 등 시민의 주인의식이 절대적으로 필요하다. 시민이 주인의식을 가져야 민주주의가 건전하게 성숙할 수 있다. 시민이 공공정신이 박약하고 이기적으로 행동한다면, 민주주의는 퇴보를 면치 못하게 될 것이다.

넷째, 인간의 평등권에 대한 사회적 수용을 들 수 있다. 민주주의는 자유권과 함께 평등권을 천부적 인권으로 인정하고 있다. 그러므로 민주주의 제도에는 평등의 원칙이 내장되어 있어야 마땅하다. 물론 사회적, 경제적 관계에서 제도적으로 평등을 보장하기는 어렵지 않다. 그러나 모든 인간관계에서 평등을 실현하고 실천하기는 쉽지 않다. 제12장에서 자세히 살펴보았듯이, 민주주의에서의 평등은 '기회의 평등'이지 '결과의 평등'이 아니다. 예컨대 축구팀을 만들면서 누구나 축구팀에 평등하게 참여하게 만들면, 나가는 경기마다 패하고 말 것이다. 인간에게는 역량의 차이도 있고, 기질의 차이도 있으며, 재능의 차이도 있다. 이것을 무시하자는 평등이 아니다. 민주주의에서 중시하는 것은 기회의 평등이다. 이기는 팀을 구성하기 위한 평등을 생각해야 한다. 축구를 잘하는 사람들로 팀을 구성하는 평등이다.

평등이 존중되는 사회에서는 모든 사람이 승자가 될 수 있다. 각자의 역량과 개성이 가장 잘 발휘되는 분야에서 자기의 최선을 다할 수 있기 때문이다. 민주주의에서 평등의 문화를 중시하는 이유는 그것이 이기는 팀(조직)으로 구성된 사회를 만들 수 있게 하며, 사회의 융성과 발전을 도모하는 데 유리하기 때문이다. 평등의 문화는 민주주의가 일구어낸 가장 아름다운 인류문명의 금자탑이다. (민주주의 이전에 인간을 평등하다고 본 정치체제는 없었다.)

민주주의 발전에 필요한 이런 문화적 기반들이 골고루 잘 갖추어지도록 하기 위해서는 국민 한 사람 한 사람이 주인의식을 갖고 스스로 변화해 가야 한다. 이런 문화를 키워가는 일은 한낱 위정자의 몫이 아니다. 의견이 서로 다를지라도 꾹 참고 들으며, 아량으로 받아들이고, 존중하고자 노력해야 한다. 다 함께 좋은 사회를 만들어가야 한다는 공동체 의식, 사회적 연대감을 키워가야 한다.

앞에서 언급한 바 있듯이, 민주주의는 우리나라에서 자생한 제도가 아니라 서구의 역사와 문화 속에서 오랜 세월을 거치며 발전한 제도이므로 우리의 전통문화와 아직도 썩 잘 어울리지 못하는 측면들이 남아 있다. 그러나 놀랍게도 우리나라는 현대 서구 민주주의 문화를 빠르게 따라잡았을 뿐만 아니라, 우리나라의 젊은이들은 'K-문화'라는 신조어가 생겨날 정도로 자유와 민주를 마음껏 구가(謳歌)하고 있지 않은가? 이런 면에서 우리도 이제 자부심을 갖고서 우리나라보다 민주주의를 더 잘하고 있는 나라의 시민의식과 정신, 공동체를 우선하는 마음과 자세, 정치사회 문제들을 현명하게 풀어나가는 방식들을 세심하게 살펴고 깊이 배워서 착실하게 실천할 일이다. 매년 수백만 명의 국민이 외국여행을 다녀오는데, 과연 무엇을 보고 무엇을 배워 오고 있는 걸까?

23. 민주주의의 역리(逆理): 그래도 민주주의

1991년 말 소련이 붕괴하고 동유럽의 사회주의 및 권위주의 정권들이 연달아 와해된 지 얼마 지나지 않아 프란시스 후쿠야마(Francis Fukuyama)는 『역사의 종말과 마지막 인간』(*The End of History and the Last Man, 1992*)에서 "우리가 지금 목격하고 있는 것은, 단순히 냉전의 종식이나 전후 역사 속 한 시대의 통과가 아니라, 인류의 이념적 진화(the end point of mankind's ideological evolution)의 종착역이자, 서구 자유민주주의(Western liberal democracy)가 인간 사회 통치방식의 최종 형태(final form of human government)로서 보편화된다는 의미에서, 역사의 종말이다."고 주장하였다. 여기서 '역사의 종말'은 헤겔의 '역사의 종말' 개념을 차용한 표현으로서 실제로 인간의 역사가 끝장이 났다는 의미가 아니라, 궁극적으로 '완전한' 자유의 실현을 꿈꾸는 인간의 역사적 도정에서 자유민주주의가 최상의 시스템임이 입증되었다고 후쿠야마는 본 것이다. 쉽게 말해 자유민주주의(와 자본주의 시장경제체제)가, 길고 긴 인류 역사를 통해 계속되어 온, 이념과 체제 전쟁에서 결정적 승리를 거두었다고 본 것이다. 그의 이런 낙관적 전망은 전 세계적으로 갈채를 받았으나 21세기에 들어서기 무섭게 그와 반대되는 역사의 역류에 부딪히며 이내 퇴색되고 말았다. 테러리즘, 권위주의 국가의 부활(예: 중국, 러시아), 민족주의의 부활, 유럽에서의 사회주의 정당의 득세 등은 이념과 체제 전쟁이 종언을 고하기는커녕 인간 역사에서 이 전쟁은 끝없이 계속되고 반복될 것이라는 전망이 더 그럴듯해 보이게 만들었다. 최근 우후죽순처럼 제기되고 있는 민주주의 위기론 역시 이런 비관적 전망에 힘을 실어주고 있는 듯이 보인다.

이러한 역사적 반전이 말해 주는 것은 무엇일까? 한마디로 말해, "민주주의는, 지금까지 필자들이 설명하고 강조해 온 민주주의 제도와 메커니즘의 여러 장점과 유익에도 불구하고, 의외로 허점이 많고 질그릇처럼 약해 깨어지기 쉽다."는 사실이다. 왜 민주주의는 이렇게 질그릇처럼 약하고 부서지기 쉬운 것일까?

제22장과 더불어 이 책의 결론부에 해당하는 이 마지막 장에서 필자들은 민주주의의 역리(paradox)들, 그리고 민주주의 제도와 표리(表裏)의 관계에 있는 민주주의의 규범(democratic norms)들에 대하여 고찰해 보려고 한다. 민주주의의 역리 중 역리는 민

주주의 위기의 원천이 민주주의의 핵심 원리 또는 가치에 내재되어 있다는 역리이다. "민주주의를 통해 민주주의가 무너질 수 있다." 혹은 "민주주의는 자살한다."는 이 '말 같지도 않은 말'보다 더한 패러독스가 있을까? 먼저 민주주의가 최우선 가치로 삼는 자유에는 그 자유를 악용하거나 남용하여 민주주의를 파괴할 수도 있는 자유마저 포함되어 있다. "민주주의가 보장해 주는 자유를, 자유의 파괴, 민주주의의 파괴를 위해 사용한다는 것이 말이 되는가?"라고 반문할 수 있지만, 표현의 자유, 언론 및 출판의 자유, 집회 및 결사의 자유를 내세워 자유민주주의 헌정체제를 부정하는 듯한 발언을 예사롭게 하거나 그런 행동을 거침없이 하는 경우를 꽤 많이 보고 듣지 않았는가? 극단적인 예로서 2011년에 민주노동당, 국민참여당, 새진보통합연대의 통합으로 창당된 통합진보당(통진당)은 2012년 제19대 총선에서 13석을 차지하며 숙원이었던 원내 진출에 성공하였지만, 2014년 헌법재판소는 통진당의 강령과 활동이 국가의 민주적 기본질서를 위반하였다는 이유로 '위헌 정당 해산' 결정을 내려 당은 해산되고 소속 의원 전원이 국회의원직을 상실하였다. 이처럼 상상을 초월하는 일들, 예측이 안 되는 일들이 얼마든지 일어나고 벌어질 수 있는 게 민주주의 국가이고 사회이다.

마치 병원균이 우리 몸에 기생하면서 건강을 해치고 급기야 죽음에 이르게 하는 것처럼, 민주주의가 허용해 주는 자유 속에,

그것을 악의적으로 사용하기로 한다면, 심지어 자유의 베일 뒤에 숨어서 파괴 활동을 도모하고 전개할 수도 있는 자유, 민주주의를 파괴하거나 붕괴시킬 수도 있는 활동의 자유까지 포함되어 있다는 것은 역설 중 역설이다. 민주주의가 이런 위험성을 내포하고 있다는 이 사실을 민주주의 헌법과 제도의 설계자들이 몰랐다고 볼 수 없다. 위의 예에서처럼 위헌 정당의 해산명령 요건을 정해 둔 것이 그런 증거이다. 그러나 간간이 벌어지는 국가보안법 폐지 논란에서 볼 수 있듯이, 어떤 활동이 국가의 안보를 해치고 자유민주주의를 파괴할 수도 있는 유사한 활동이라고 미리 단정해 그런 활동의 자유를 제한한다면 그것은 자유의 완전한 보장이라는 민주주의의 기본 정신이나 취지에 반한다는 반대 주장에 직면하기 쉽다.

민주주의의 위기는, 이런 양면적 속성을 지닌 자유를 민주주의 체제를 파괴할 목적으로 쓰는 악의적인 세력에 의해서만 비롯되는 게 아니다. 민주주의의 위기는 자유와 권리에 따르는 책임을 무시하는 세력에 의해서도 찾아온다. 원래 자유는 타인의 자유와 권리를 해치지 않는 범위에서 허용된다. 자신의 이익이나 주장을 관철하기 위해 타인의 자유와 권리를 침해하고, 그것도 다수의 힘을 동원해 무리하게 반대 목소리를 억누르고 이성적 소통을 방해한다면 타인의 피해는 물론이려니와 사회적으로도 엄청난 비용이 초래될 것은 불문가지의 일이다. 이런 일은 법치를 무시해

"GIVE ME LIBERTY, OR GIVE ME DEATH !"

1775년 3월 버지니아 리치몬드의 집회에서 "자유가 아니면 죽음을 달라."는 명연설로 미국 혁명에 불을 지핀 패트릭 헨리.

서 이루어지기도 하고, 법치 위반은 아니지만 다수의 집단이성(collective reason)이 옳게 사용되거나 발휘되지 못해서 생겨나기도 한다. 민주주의를 공고하게 지키려면, 자유의 남용이나 오용에 대해서 철저하게 책임을 지우는 법과 제도가 마련되고 또 그것이 투명하게 집행되고 준수되지 않으면 안 된다.

그러나, 여기서도 자유의 오용과 남용을 막으려는 시도는 자칫 자유를 억압하는 도구로 잘못 쓰일 수 있는 위험을 안고 있다는 것이 또 다른 역리이다. 다시 말하면 자유의 오용과 남용을 막으려는 선의에서 국민과 기업의 자유와 권리를 제한하는 규제를 가하면, 획일성과 경직성이라는 규제의 불가피한 속성으로 인해 부당하게 혹은 과도하게 국민과 기업의 자유와 권리가 제약되는 결과를 초래하기 쉽다는 것이다. 합리적이고 타당한 이유가 없는 한 국민 개개인이 스스로 알아서 판단하고 선택하도록 하는 자유를 허용해야 제대로 된 민주주의 정부인지라 자유와 권리의 한계선을 적정하게 긋는 일은 늘 논란에 휩싸이기 쉽다.

민주주의의 또 다른 역리는 직접, 보통선거를 통해 집권 세력을 선출하는 민주주의 제도 속에 숨어 있다. 국민들의 직접선거, 보통선거를 통해 집권 세력이 결정되는지라 정당은 또 후보자는 선거에서 이기기 위해 유권자가 좋아하고 반길 만한 선거공약을 제시하려고 온갖 노력을 다 기울인다. 그러다 보면 포퓰리즘의 유혹을 떨치기 어렵고, 바로 여기에 민주주의 국가에 포퓰리스트 정권이 스멀스멀 들어설 가능성이 크게 열려 있다. 직접선거와 보통선거에서 인기영합적인 선거공약을 내거는 정당과 후보자가 유리할 수 있다는 것은 장차 국가에 지울 엄청난 부담은 안중에 없는 정당, 그래서 무책임하다고 말할 수밖에 없는 정당과 후보자들이 선거에서 승리할 공산이 매우 높다는 뜻이다.

여기서 우리는 선거가 자유롭고 공정하게 실시된다 해도 선거만으로는 민주주의를 보장할 수 없다는 사실, 또 선거는 진실이 무엇인지를 찾고 가늠하기 위한 장치가 아니라 국민의 다수가 원하는 것이 무엇인지를 단순히 확인하는 도구요 수단에 불과하다는 사실을 다시금 환기하지 않을 수 없다. 포퓰리스트들이 다른 견제장치들은 무력화하면서도 어떻게든 선거제도만큼은 남겨두려고 하는 이유도 이와 관련이 있다. 국민이 진정으로 국가와 국민을 위하는 지도자와 대표자가 누구인지를 올바르게 가려내는 절차가 선거라고 한다면 포퓰리스트들이 선거제도나 국민투표 제도를 가만 놔둘 리가 없다.

대중의 선거를 통해 다수의 지지를 얻은 세력이 정치권력을 장악하는 체제가 민주주의인지라, 대중영합주의에 기반해 수많은 독재정권이 탄생하는 것은 알고 보면, 그리 놀라운 일이 아니다. 이 책의 서문에서 또 제14장에서 강조하였듯이, 포퓰리즘이야말로 민주주의의 이름으로 또 흔히 민주주의와 동일시되기도 하는 선거를 통해 민주주의가 무너지게 만드는, 다시 말해 민주주의 국가에서 신형 독재가 출현하는 전형적인 경로이다.

이 밖에도 민주주의의 역리는 이 책에서 다룬 거의 모든 이슈(질문)들에 내포되어 있다. 사실 이 책은 민주주의의 이런 역리들과 이런 역리들을 깊은 생각 없이 단순하게 받아들이는 나머지 빠지기 쉬운 오해를 바로잡는 데 역점을 두었다고 말할 수 있다. 필자들이 주목한 민주주의의 역리들을 이 책의 목차에 따라 간략히 정리해 본다면 아래와 같다.

(1) '국민의, 국민에 의한, 국민을 위한 정부'가 반드시 민주정

부라고 할 수 없다. 국가권력에 대한 제한이 없이는 민주주의 국가요, 정부라고 말할 수 없다. 민주주의 정부는 국가권력의 사용, 다시 말해 국가가 할 수 있는 일들이 법률에 의해 사전적으로 정해지고 제한되어 있는 '제한적 정부'(limited government)여야만 한다.(제1장)

(2) '자기지배의 원리'는 민주주의의 원리로 볼 수 없다. 이 원리에 의하면 국민이 선출한 대통령이나 국회의원 등 정치 지도자들에게 책임을 물을 수 없게 되는 모순에 빠지고 만다.(제2장)

(3) 민주주의는 "모든 권리는 국민으로부터 나온다."는 대원칙 위에 서 있지만, 민주주의 국가에서 '법의 지배' 원리는 국민주권보다 우위에 서 있어야만 할 개념이다. 헌법에 의해 입법권이 주어져 있지만 국회가 제정하고 개정하는 모든 법률이 '법의 지배' 원리에 부합되지 않는다. 합법적일 수는 있을지언정, '법의 지배'의 요건을 충족하지 못하는 입법권의 행사는 자제해야 한다.(제3, 5장)

(4) 민주주의를 제대로 하기 위한 제1의 요건이 국가권력의 분립이다. 권력의 분립을 통해 견제와 균형의 원리가 제대로 작동해야만 대통령에 의한 국가권력의 독단이나 전횡, 또는 입법부의 입법권 남용이나 입법 폭주를 막을 수 있다. 그러나 이것은 필요조건일 뿐 충분조건은 되지 못한다. 오늘날 민주주의 위기는 모두 3권분립 제도를 시행하는 나라에서 나타나고 있다는 사실이

이를 증명한다.(제4장)

(5) 사법부는 '선출되지 않은 권력'이라는 한계를 안고 있지만, 사법부는 정치적 영향으로부터 자유롭지 않으면 그것의 생명과도 같은 독립성, 공정성을 보장 받을 수 없다. 한편 사법부의 독립성을 보장하면 사법부의 독단과 전횡의 우려가 없지 않다.(제6장)

(6) 현대 정부에서 행정부는 끝없이 팽창하는 속성을 갖고 있다. 이것은 민주화에 따라 국민의 요구가 증가하고 그에 따라 국가사무가 지속적으로 늘어나기 때문이다. 행정부의 팽창은 국민의 편의를 도모하고 제공하는 유리한 측면이 있지만, 현대 행정의 복잡성으로 인해 관료권력(bureaucratic power)도 따라서 강해져 국민의 자유와 권리를 침해할 가능성이 높아진다. '큰 정부'로 갈수록 민주주의에 대한 위협은 커진다.(제7장)

(7) 민주주의 국가와 사회에서 언론의 역할과 책임, 특히 국가권력의 감시자로서의 역할과 책임은 막중하다. 그러나 디지털 미디어 시대, SNS 시대의 도래에 따라 언론 환경은 급속도로 열악해지고 있다. 언론 소비자의 영향력이 커지면서 언론의 편파성, 편향성 문제가 심각해지고 있다. 언론의 독립성과 자율성이 약해지면 '연성 독재'의 위험이 커진다.(제8장)

(8) 민주주의에서 표현의 자유, 사상의 자유는 매우 중요한 가치들인데, '정치적 올바름(PC)' 운동이 끝없이 전개되면서 표현

의 자유, 사상의 자유, 학문의 자유 등이 심각하게 위축되고 있다.(제9장)

(9) 민주주의는 자유와 '기회의 평등'을 중요한 가치로 여기고 '기회의 평등'을 보장하기 위해 최대한 노력한다. 그러나 공산주의가 추구하는 바와 같은 '결과의 평등'은 직접적으로 추구하지 않는다. 그렇다고 민주주의 국가가 평등에 기여하지 않는 것은 아니다. 결과적으로는 어떤 공산주의 국가, 사회주의 국가보다 불평등이 적은 사회를 이룩해 낸다. 이것은 민주주의 국가가 개인의 자유와 권리를 보장하고, 그래서 개인은 자기의 소질과 재능을 발휘해 또 모든 힘과 노력, 정성을 기울여 최선의 결과를 얻도록 유도하고 인도하기 때문이다. 민주주의의 이런 장점은 민주주의 체제가 시장경제체제와 병행할 때 가장 잘 발휘된다.(제12장)

(10) 복지국가는 민주주의의 이상향이 아니다. 민주주의 국가들이 복지국가를 지향하는 것은 사실이지만, 복지국가를 향해 가다 보면 전체주의적이고 권위주의적인 요소가 개입되기 마련이기 때문이다. 복지국가를 이상향으로 좇다 보면 필경 포퓰리즘에 휘말리기 쉽고, 포퓰리즘이 극성을 부리게 되면 국가는 필경 재정위기에 빠지고 국가채무를 감당하지 못하는 지경에 이르게 된다. 국민의 국가 의존성이 날로 심화되면서 국민통합은 커녕 사회갈등이 오히려 증폭되는 사태를 맞이할 수도 있다.(제 13, 14, 15장)

(11) 민주주의에서 참여의 확대는 물론 필요하고 중요하다. 그러나 모든 국가사무에 모든 국민이 참여하는 것이 반드시 옳은 일이라거나 필요하다고는 말할 수 없다. 오늘날 IT 기술의 급속한 발달로 인해 대의민주주의를 기본으로 하되 직접민주주의의 요소를 가미하는 게 유행처럼 번지고 있지만, 직접민주주의는 여러 가지 위험을 안고 있다. 무엇보다도 선전 선동에 취약하다는 약점이 있다. 직접민주주의의 색채가 강해지면서 투명성 차원에서 국가의 정책결정(및 과정)에 대한 정보공개 요구와 압력도 강해지고 있으나 더 투명해진다고 해서 그것이 언제나 좋고 바람직하다고는 말할 수 없다.(제16, 17, 19장)

(12) 민주주의의 핵심 운영 원리인 다수결 원리는 그것이 최선의 결과를 보장해 주는 최선의 의사결정 방법이어서 보편적으로 채택하고 있는 것이 아니다. 충분한 토론과 비판이 이루어질지라도 모두가 합의에 이를 수는 없는 일이므로 잠정적으로 그럴듯한 해법을 선택하기 위한 불가피한 방도로 다수결 원리가 이용된다고 보는 게 옳다. 그러나 다수결은 '다수의 폭정'(tyranny of the majority)의 위험으로부터 자유로울 수 없다.(제18장)

(13) 민주주의 국가와 사회는 사회갈등을 긍정적으로 본다. 모든 사람의 생각이 다르고, 가치관이 다르고, 국가관이 다른 이상 갈등은 일상적일 수밖에 없으나, 갈등이야말로 민주주의 국가와 사회가 역동적으로 발전해 갈 수 있는 원동력이라고 본다.

반면에 공산주의, 전체주의, 권위주의 국가들은 갈등을 억압하고 숨기려 한다. 겉으로는 잠잠하지만 급격한 혁명은 이런 체제의 국가에서 주로 일어난다. 민주주의 제도들은 거의 모두가 이런 갈등을 예정하고 있으며 이런 갈등을 건설적으로 해결해 내기 위한 장치들로 보아도 무방하다. 민주주의를 하면서 "사회가 너무 시끄럽다."거나 "혼란스럽고 무질서하다."고 불만을 토로하는 사람은 민주시민의 자격을 잘 갖추고 있다고 말하기 어렵다.(제21장)

이상의 간략한 요약에서도 분명히 드러나듯이, 이 책에서 다루고 있는 주제들은 거의 모두가 민주주의의 역리를 내포하고 있다. 민주주의의 역리는, 말 그대로, 역리인지라 상식적으로 얼른 납득이 될 만큼 쉽게 이해되지는 않을 수 있다. 그러나 각각의 주제에 담긴 역리와 논리를 깊이 이해하는 일은 매우 중요하다. 이런 역리들을 잘 이해하지 못하면서 진정한 의미에서 '깨어 있는 민주시민'이 되거나 '깨어 있는 민주시민'으로서 훌륭한 역할과 책임을 잘 감당해 내기는 어렵다. 민주주의에서는 모든 시민에게 투표할 권리가 주어져 있지만, 대부분의 유권자는 정치에 대해 잘 알지 못하고 알려고 하지 않는 사람도 없지 않다. 여기에 포퓰리즘이 득세할 수 있는 여건, 감정적인 선동이나 선전구호가 쉽게 먹혀들어 가는 여건, 가짜 뉴스가 선거 결과에 큰 영향을 미치는 모순들이 생겨난다. 이것이 소위 '무지한 유권자의 역설'(the paradox of the ignorant voters)이다.

민주주의 원리, 민주주의 제도들이 거의 다 역리를 내포하고 있다는 사실은 민주주의의 공식적인 제도들(formal institutions)만 가지고서는 제대로 된 민주주의를 담보하지 못함을 뜻한다. 다시 말하면 공식적인 제도가 뿌리내릴 수 있는 문화, 사회규범, 관습, 관행 등 비공식적 제도(informal institutions)가 이를 잘 뒷받침해 주지 않으면 안 된다.

여기서 필자들은 공화주의(republicanism)에 대하여 고찰할 필요를 느끼지만, 이에 대해서는 간단히 언급하는 것으로 그치려 한다. 우리나라의 헌법 제1조는 "대한민국은 민주공화국이다."고 선포하고 있다. 왜 단순히 민주국이라고 하지 않고, 민주공화국이라고 말하고 있을까? 민주주의와 공화주의가 혼합된 형태이기 때문이다. 민주주의와 공화주의는 서로 밀접한 관계가 있는 게 사실이지만 역사적으로 다른 의미와 배경을 갖고 있으며 정치체제 차원에서도 상당한 차이가 있다. 우선 민주주의는 국민주권 원리에 기초해 국민이 직접 또는 간접적으로 정치에 참여하는 체제이고, 참여가 강조되며, 다수결 원리에 따라 국가의 의사결정이 이루어지는 정치체제를 일컫는 말이다. 이에 비해, 공화주의는 단순히 군주(왕)가 없는, 그래서 국가권력이 국민과 대표기관에게 주어지는 정치체제를 의미하기도 하지만, 일반적으로 '법에 의한 통치' 즉 국가권력이 헌법과 법률에 의해 제한을 받는 통치체제, 즉 '법의 지배' 관념 아래서 국민의 자유와 권리를 법과 제도를 통해 보장하려고 하는 체제라는 데 강조점이 있다. 또 민주주의가 주권자인 국민의 직접 참여를 강조한다면 공화주의는 권력의 분립 등을 통한 견제와 균형 시스템을 강조하고, 민주주의가 개인의 자유와 의사를 존중한다면, 공화주의는 전체 사회의 공공선(common good)을 우선한다는 차이점이 있다. 간단히 말한다면, 민주주의는 정치 참여 방식의 원칙이고, 공화주의는 국가운영 방식의 원칙이라고 보아도 무방하다. 현대의 대부분의 민주주의 국가는 민주주의와 공화주의가 혼합된 '민주공화국'(democratic republic)을 표방하고 있다. (물론 북한과 같은 공산국가도 인민민주주의공화국이라고 자칭하고 있으나 북한은 민주국가도 공화국도 아니다.)

여기서 이렇게 간략하게나마 공화주의를 설명하고 넘어가려고 하는 이유는 다른 데 있지 않다. 민주주의가 자칫 자유와 공공선을 해칠 위험을 방지하기 위해 법과 제도를 중시하고, 민주주의가 안정적으로 운영되고 유지될 수 있는 제도적 기반을 제공하는 것이 공화주의이기 때문이다. 이런 면에서 공화주의는 민주주의 규범(democratic norms)과 밀접한 관련이 있다고 볼 수 있다. 민주주의 규범은, 한마디로 말하면, 민주주의가 원활하게 작동하도록 만들어주는 비공식적 규칙과 관행이다. 법률이나 헌법에 명시되어 있지는 않지만, 정치인과 시민들이 공유하는 암묵적인 기대와 행동 기준을 포함한다.

민주주의 규범 중 첫손가락에 꼽아야 할 것이 **상호 관용**(mutual

tolerance)이다. 간단히 말해, 정치적 경쟁자를 '적'이 아니라 정당한 경쟁자로 인정하는 태도이다. 민주주의 체제는 다양한 이념과 정치적 입장을 모두 허용하고 포용하는 체제이므로 정적(政敵)도 합법적인 정치적 참여자임을 인정해야 한다. 선거에서 패배한 정당이 승자 정당의 정통성을 인정하고 평화롭게 권력을 이양하는 것, 다수당이 소수당을 존중하고, 반대의견을 억압하지 않는 것이 상호 관용의 좋은 예이다.

민주주의 국가를 자처하면서도 선거의 결과를 무시하고 승복하지 않는다면 민주주의는 위태롭게 된다. 2020년 대선에서 패배한 뒤 트럼프 지지자들이 바이든의 승리를 인정하지 않고, 2021년 1월에 국회의사당에 난입하는 폭동을 일으킨 것이 대표적이다. 민주주의의 종주국이라고 해도 좋은 미국에서 이런 사태가 벌어진 것은 여간 충격적인 일이 아니다.

다음으로 중요한 민주주의 규범으로는 **제도적 자제**(institutional forbearance)가 있다. 법률적으로, 또는 헌법적으로 권력과 권한의 행사가 정당하게 허용되어 있을지라도 민주주의의 정신을 훼손하는 언동을 스스로 삼가고 자제하는 태도를 일컫는 말이다. 의회의 다수당이 법적으로 가능하더라도 야당이 필사적으로 반대하는 법안을 강행 처리하지 않는 것 등이 대표적이다.

사법부와 언론의 독립 보장(independent judiciary & free press)도 민주주의 규범의 중요 요소이다. 민주주의 정부라면서 정부가 사법부

(법원)와 언론을 통제하려 하거나 길들이려고 하면 안 된다. 민주주의 체제의 최후 보루인 사법부가 독립성과 정치적 중립성이 충분히 인정될 수 있을 만해야 국민의 전폭적인 신뢰를 받고 정부 권력의 오용과 남용을 견제할 수 있다. 마찬가지로 언론의 공정성과 객관성이 담보될 수 있을 때 정부 권력의 오용과 남용의 견제자, 감시자가 되고 여론 형성의 주된 통로가 될 수 있다. 언론이 정부를 비판해도 탄압받지 않아야 한다.

민주주의 규범으로서 결코 간과해서는 안 될 요소가 **정치적 폭력**(political violence)의 배제이다. 제21장에서 민주주의 체제는 성격상 시끄럽고 소란스러우며 때로 무질서해 보이기도 하지만, 그것이 오히려 어느 국가와 사회에나 있기 마련인 정치적 갈등, 사회적 갈등을 평화적으로 해결하거나 관리하는 민주주의 체제의 우수성을 잘 보여주는 증표가 된다는 점을 강조하였다. 민주주의 국가와 사회에서 정치적 경쟁과 갈등은 필연적이지만, 폭력을 동원해 갈등을 해결하려고 해서는 절대로 안 된다. 선거 결과에 불만이 있더라도 폭력적 시위 혹은 정치적 목적을 위한 테러나 쿠데타 등은 용납되어서는 안 된다. 정치 지도자들이 은연중에 폭력적인 시위나 행동을 유도하거나 조장해서도 안 된다.

이상과 같은 요소들을 핵심 내용으로 민주주의 규범이 무너지면 초래될 일들은 쉽게 짐작할 수 있다. 첫째, 권위주의 체제, 독재체제로 회귀할 위험성이 커진다. 선거는 있지만 실질적인 민주주의는 사라지는 '민주주의 퇴행'(democratic backsliding)이 일어난다. 민주주의와 법치의 이름으로 집권자의 권력을 강화해 '합법적 독재'(legal autocracy)가 가능해지는 극한적 상황에 몰릴 수 있다. 헝가리, 터키, 베네수엘라, 러시아 등이 이런 비극의 역사를 웅변한다.

민주주의 규범이 무너지면서 정치적 분열과 양극화(polarization)가 극한으로 치닫는 예는 무수히 많다. 정당들이 상대 정당을 '합법적인 경쟁자'로 보지 않고 '적'으로 간주하는 지경에 이르면, 민주주의 체제에서 그리도 소중한 대화와 토론을 통한 타협은 실종되고 사회 분열이 극에 달하면서 폭력적 시위와 행동으로 애국 시민들은 마음 편한 날이 없어지게 된다.

이 책에서 필자들은 '법의 지배,' 3권분립 및 견제와 균형의 원리, 정당제도, 다수결 의결제도 등 민주주의의 핵심 제도 측면에 주로 초점을 맞추었지만, 우리는, 아이러니하게도, 민주주의를 떠받치는 기둥은 제도 그 자체라기보다 민주주의에 대한 국민의 의식 수준과 태도, 제도의 설계보다도 민주적인 제도 운용의 관행 확립이라는 사실을 강조하지 않으면 안 될 지점에 도달하였다. 간단히 말해, 민주주의는 위에서 살펴본 민주주의 규범들을 소중히 여겨 어떤 규범 하나도 범하지 않으려고 노력하는 진정한 의미의 정치 지도자를 필요로 하고, 그들을 지지하는 '깨어 있는 국민,' '깨어 있는 시민'의 예지와 저력이 발휘되어야만 한다.

되풀이 말하거니와, "시민의 의식 수준이 정치의 수준을 결정한다."는 말은 진리이다. '깨어 있는 민주시민'이 많아야만 정치도 바로 설 수 있고, 정치인들도 정신을 차리게 된다. 진정으로 민주주의를 애호하고 옹호하는 국민이라면, 무엇보다도 먼저 '내가 이 나라의 주인'이라는 주인의식이 확고해야 한다. 이 주인의식이 있을 때 정치적 선동에 휩쓸리지 않게 된다. 자기가 선호하는 정당과 지도자가 있기 마련이지만 반대편 정당과 지도자들도 존중하되 합당한 비판을 할 줄 알아야 한다. 합당한 비판이 통하지 않으면 선거를 통하여 비적격자, 사이비 정치인들을 가차없이 정치권에서 걸러내고 몰아내면 된다.

민주주의를 옳게 지켜낼 최종적인 힘은 오로지 국민에게 있다는 사실은 아무리 강조해도 지나치지 않다. 국민이 현명하지 못하면, 민주주의는 악한 세력의 손아귀에서 농락을 면치 못한다. 무엇보다도 '법의 지배' 정신을 옳게 이해하고 실천하고 있는지, 견제와 균형의 원리를 존중하는지를 보면 악한 세력인지 아닌지를 잘 구별해 낼 수 있다. '다수의 힘'을 앞세우는 정치인은 경계해야만 할 사람이다.

민주주의라는 제도는 깨지기 쉬운 질그릇처럼 연약하기만 하다. 이처럼 깨지기 쉬운 연약한 민주주의를 200년 이상 지속하고 있는 영국이나 미국의 경우를 보면, 수많은 위기를 거치면서 민주주의를 지켜낸 저력을 발견할 수 있다. 무엇보다도 정치적 반대 세력을 제거 대상이 아닌 선의의 경쟁자로 보고, 상호 공존하고 타협하는 관용의 문화가 먼저 눈에 띈다. 자기 생각, 자기 세력만이 옳다는 자만과 독선에 휩쓸리지 않는 점도 주목할 만하다. 좋은 정치인이 잘 길러지는 정치문화도 크게 한몫한다고 본다. 이런 문화와 정신은 저절로 길러지지 않는다.

우리나라의 민주헌정사는 수많은 우여곡절과 좌절을 겪고, 때로는 절망적인 상태에 빠진 적이 한두 번이 아니었다. 그러면서 우리는 '그래도 민주주의'만한 정치체제는 없다는 사실을 거듭 확인해 왔고, 국민들 사이에 그런 공감대는 확고한 편이라고 보아도 좋을 것이다. 이 책의 제목, 『그래도 민주주의』처럼 절망적인 순간을 지나가는 이 시점에서 우리 국민이 '그래도 민주주의!'라고 외치고 또 명심하되, 민주주의는 성공하기보다 실패하기 쉬운 제도이고 체제이므로 제대로 된 민주주의 국가를 만들고 향유할 수 있도록 모두가 각성하고 새출발의 각오를 다지고 또 다지면 좋겠다.

무엇보다도, 민주주의는, 지금까지 인류가 고안한 정치체제 중에서 최악의 정치를 가장 효과적으로 막아줄 가능성을 갖고 있는 체제라는 사실을 정확히 이해하는 것이 우선이다. 민주주의의 장점혹은 강점이 고작 이것이냐고 반문할지 모른다. 만일 이렇게 반문한다면 그것은 지금까지 인간이 만들어 사용한 각종 지배체제가 저질러온 죄악상이 얼마나 심각하고 처참한 것이었는지를 잘 몰라서 하는 말이다. 이런 불행한 역사의 청산, 독재라는 최악의 정치와의 결별을 이루어냈다는 것만으로도 민주주의가 이룩한 공헌은 위대하다고밖에 말할 수 없다.

이 사실을 무엇보다도 먼저 정확히 이해하지 않으면 안 된다. 민주주의 국가에서 일어나는 민주주의에 대한 모든 위협과 도전은 이 사실을 가볍게 보고, 민주주의가 만능인 것처럼, 다시 말해 민주주의를 하면 모든 것을 다 이룰 수 있는 듯이 잘못 생각하고, 민주주의에 대하여 엉뚱한 기대를 가졌기 때문에 생긴 위협이고 도전이었다. '연성 독재' 체제가 등장하고 포퓰리즘이 난무한 것이 대표적이다. 민주주의의 최대, 최상의 목표는 개인의 자유와 권리의 보장과 보호에 있는 것인데, 이 사실을 하찮게 여기고 평등이나 복지가 민주주의가 추구해야 할 더 중요한 가치인 양 착각하며 민주주의를 잘못 사용한 데서 이런 위협과 도전은 비롯되었다고 볼 수 있다.

이런 위험성에도 불구하고 민주주의는 우리가 조심스럽게만 사용한다면 우리가 향유할 수 있는 최선, 최고의 정치체제이다. 우리가 때에 따라 낙담하고 실망할지라도 '그래도 민주주의'라고 말할 수 있는 이유는 충분하다. 민주주의의 기본 목표는 개인의 자유와 권리를 최대한 보장하는 것이고, 이를 위해 독재 정부, 또는 권위주의 정부의 출현을 막는 것이다. 민주주의의 각종 제도와 절차는 바로 그런 자의(恣意)적 통치의 가능성을 최대한 배제하기 위한 장치들이다. 비유하자면 인체의 면역체계와 유사하다. 그런데 인체는 병원

균이 침입하여 위기에 처하면 면역체계가 작동하여 상당한 정도로 자신을 성공적으로 방어하는 데 비해, 민주주의의 면역체계는 그처럼 강력하지 않고, 그래서 실패할 가능성도 의외로 높은 편이라는 한계점이 있을 뿐이다.

이런 의미에서 필자들은 민주주의의 면역체계로서 앞장에서는 민주주의의 성숙을 위한 문화적 기반을, 이 장에서는 민주주의의 규범에 관해 살펴보았다. 하기 싫어도 참고 참으며 꾸준히 체력을 길러가고 단련해 가는 것보다 우리의 건강을 지킬 더 좋은 방법이 없듯이, 제대로 된 민주주의 국가와 사회를 우리 것으로 만드는 길은 '그래도 민주주의'라는 확신을 갖고서 민주주의의 참된 정신을 잘 이해하고 단련해 나가는 길 외에 없다는 사실을 모든 국민이 깊이 인식하면 좋겠다.

필진 소개

<u>김영평</u>은 고려대학교 정경대학 행정학과 명예교수이다. 고려대학교 법학과, 서울대학교 행정대학원 졸업 후, 미국 인디아나대학교에서 정치학 박사학위를 취득했다. 1983년부터 2009년까지 고대 행정학과 교수로 재직하면서, 정책이론, 정책평가, 산업사회의 안전정책, 그리고 정책과 갈등 등을 강의했다. 한국행정연구원 원장(1998-2000), 한국행정학회장(2002), 한국원자력정책포럼 이사장(2003-2018) 등을 역임했다. 주요 저서로는 『불확실성과 정책의 정당성』(1991, 고대 출판부), 『행정개혁의 신화와 논리』(공편, 1993, 나남), 『유교문화의 두 모습』(공저, 2004, 아연 출판부), 『정책 성공과 실패의 대위법』(공저, 2006, 나남), 『다산의 행정개혁』(공편, 2010, 대영문화사) 등이 있다.

<u>최병선</u>은 서울대학교 행정대학원 명예교수이다. 서울대 경영학과 및 행정대학원 졸업 후 미국 하버드대학교에서 정치학 박사학위를 취득했다. 제18회 행정고시 합격 후 전라북도 도청(1977-79년)과 상공부(1979-1981년)에서 근무한 경력이 있으며, 1988년부터 2018년까지 서울대학교 행정대학원 교수로 재직하는 동안에 규제정책, 통상정책, 규제제도연구 등을 강의했다. 한국규제학회장(2002-2004년), 한국정책학회장(2004년), 규제개혁위원회 위원장(2008-2009년) 등을 역임했다. 주요 저서로 『정부규제론』(1992, 법문사), 『행정개혁의 신화와 논리』(공편, 1993, 나남), 『무역정치경제론』(1999, 박영사) 등이 있으며, 『규제 vs 시장』(2023, 가갸날)으로 제69회 대한민국학술원상을 수상하였다.

<u>배수호</u>는 성균관대학교 행정학과 및 국정전문대학원 교수이다. 경희대학교 행정학과 졸업 후 미국 텍사스대학교(오스틴)에서 행정학 석사학위를, 노스캐롤라이나대학교(채펄힐)에서 박사학위를 취득했다. 이후 록펠러 정부학연구소에서 Research Scientist, 샌프란시스코주립대학교 행정학과 조교수로 재직했고, 뉴욕주립대(올바니)에서 Fulbright 학자(2015-2016년)로 근무했다. 주요 관심분야는 동양행정철학, 지역공동체, 환경정책, 지방재정 등이다. 주요 저서로는 『산림공유자원관리로서 금송계연구: 公有와 私有를 넘어서 共有의 지혜로』(공저, 2018, 집문당), 『한국적 지역공동체 사례연구: 복내이리송계(福內二里松契)』(2019, 태학사), 『호락논쟁, 여전히 유효한가? 사회현상 이해하기』(공저, 2024, 박영사) 등이 있다.

<u>구민교</u>는 서울대학교 행정대학원 교수이다. 서울대학교 외교학과 및 행정대학원 졸업 후 미국 존스홉킨스대학교에서 국제정치경제 석사학위를, UC 버클리에서 동아시아 영토분쟁을 주제로 정치학 박사학위를 취득했다. 이후 남가주대학교(USC) 박사후연구원, 연세대학교 행정학과 조

교수로 근무했고 하버드-옌칭연구소 방문학자(2015-2016년)를 역임했다. 연구 및 교육 관심 분야는 동아시아 정치경제, 국제통상, 해양안보, 해양사, 해양법 등이다. 주요 저서로 『국제무역의 정치경제와 법』(공저, 2019), *The Korean Government and Public Policies in a Development Nexus - Volume 2*(편저, 2017, Springer), *Island Disputes and Maritime Regime Building in East Asia*(2009, Springer) 등이 있다.

이민창은 조선대학교 교수이다. 조선대학교 행정학과 졸업 후 조선대학교 대학원에서 행정학 석사학위를, 서울대학교 대학원에서 "정책변동의 제도론적 분석"을 주제로 행정학 박사학위를 취득했다. 미국 인디아나 대학 방문학자(2008-2009년), 한국규제학회장(2018-2020), 서울행정학회장(2023)을 역임하였으며, 규제개혁위원회 위원(2024-2026)으로 활동 중이다. 주요 저서로 『좋은 규제의 조건』(공저, 윤성사, 2023), 『정부사용메뉴얼』(공저, 윤성사, 2022), 『성공하는 정부를 위한 국정운영: 민주적 공화주의 관점』(공저, 2018, 박영사), 『2018년도 규제정책사례연구』(공저, 2018, 경성문화사), 『효율적인 사례연구를 위한 규제정책사례연구』(공저, 2017, 경성문화사) 등이 있다.

이혁우는 배재대학교 행정학과 교수이다. 고려대학교 영어영문학과를 졸업하고 서울대학교 행정대학원에서 박사학위를 취득했다. 현재 규제개혁위원회 위원, 한국규제학회 연구위원장, 좋은규제시민포럼 규제모니터링위원회 위원장으로 봉사하고 있다. 주요연구로는 *The Experience of Democracy and Bureaucracy in South Korea*(공편, Emerald Publishing)(2017), 『규제를 규제한다』(윤성사, 2021), 『규제관리론』(윤성사, 2021), 『정부사용메뉴얼』(공저, 윤성사, 2022), 『좋은 규제의 조건』(공저, 윤성사, 2023), 『자유롭고 위대하게: 애덤스미스의 찬란한 유산』(공역, 지식발전소, 2023), 『자유의 길: 애덤스미스와 한국경제』(공저, 북코리아, 2023) 등이 있다.

김서영은 노스캐롤라이나 주립대학교 공공·국제학과 교수이다. 연세대학교에서 행정학과 경제학을 전공 후 서울대학교 행정대학원에서 석사학위를, 플로리다주립대학교에서 행정학 박사학위를 취득하였으며, 콜로라도 덴버대학교(University of Colorado Denver) 공공정책학과(School of Public Affairs) 연구원(Scholar-in-Residence)으로 있었다. 연구 및 강의 분야는 정치경제, 정책 분석, 근거 중심 정책 결정(evidence-based policymaking), 데이터 사이언스 등이다.

김경동은 광운대학교 행정학과 조교수이다. 서울대학교에서 법학을 전공 후 서울대학교 행정대학원에서 정책학 석사학위를, 사업예산구조 복잡성과 예산 비효율성에 관한 연구로 정책학 박사학위를 취득하였다. 이후 미국 피츠버그대학교 방문학자(2023-2024년), 한국행정연구원 국정데이터조사센터 부연구위원(2024-2025년)을 역임했다. 연구 및 강의 분야는 정책분석·평가, 재무행정, 연구방법론, 데이터 사이언스 등이다.

이미지 출처

12p　ⓒJulieta39

17p　ⓒGage Skidmore

29p　ⓒSherwood Lithograph Co.(Library of Congress 소장)

38p　ⓒUK government

42p　ⓒJoseph Martin Kronheim

47p　ⓒDeval Kulshrestha

59p　ⓒHoward Chandler Christy(미 의회 소장)

66p　위키피디아

74p　ⓒOfficial White House Photo by Shealah Craighead

85p　ⓒChristian Michelides

96p　ⓒHarald Groven

106p　ⓒTCY

117p　ⓒJMacPherson

125p　ⓒNCVO London

131p　ⓒ박인기

139p　ⓒJean-Jacques-François Le Barbier(Musée Carnavalet 소장)

155p　ⓒRuth Hartnup(런던 정경대학 소장)

163p　ⓒSocial Security Online

178p　ⓒPinélides A. Fusco

185p　ⓒ류연태

190p　ⓒHorst Ziegenfusz(The Archiv der Deutschen Frauenbewegung)

197p　ⓒFranz Karl Leopold von Klenze(독일 뮌헨 Neue Pinakothek 소장)

202p　ⓒMarc Schlumpf

205p　ⓒMarkus Szyszkowitz

220p　ⓒ서울대학교 한국학중앙연구원 규장각 소장. 문화재청

225p　ⓒopenDemocracy

237p　ⓒTom Merry(Wellcome Collection gallery 소장)

243p　한국정책방송원 자료.

253p　ⓒCurrier & Ives